laGalera

La Xurra

LOLA CASAS

FRANCESC CHIVA

Il·lustracions:

SUBI

Primera edició:
maig del 2007

Disseny gràfic de l'interior: clase
Disseny gràfic de la coberta: Cass

Maquetació: Montserrat Estévez

Edició: David Monserrat
Coordinació editorial: Laura Espot
Direcció editorial: Lara Toro

La Galera, SAU Editorial
Josep Pla, 95 – 08019 Barcelona
www.lagalera.cat
lagalera@grec.cat

Imprès a Índice, SL
Fluvià, 81 – 08019 Barcelona

Dipòsit Legal: B-22.918-2007
Imprès a la UE
ISBN: 978-84-246-2563-4

Dedicat a Joan Compañó.

No sempre em ve de gust fer els deures. Moltes vegades, m'entra molta, moltíssima mandra a l'hora de posar-m'hi! Però avui, a l'escola, ens han manat fer una redacció sobre un tema que m'ha agradat: «Els que viuen amb mi a casa meva.» He passat una bona estona pensant-hi i treballant-hi però, al final, m'he sentit satisfet i content de com ha quedat.

A classe, la mestra ens ha convidat a lle-

gir en veu alta el que hem escrit i molts hem alçat la mà impacients per sortir voluntaris.

La Mireia ha explicat que la seva àvia sempre fa mitja —cada un de la família té dues bufandes i un munt de jerseis!— i que el Pelut, el gat, no para d'embullar-li les troques de llana. L'àvia n'està ben tipa, però no troba la manera d'enxampar el gat: el Pelut és molt murri i sempre fa de les seves quan l'àvia està despistada.

En Bernat ha escrit que el seu germanet amaga els xumets a qualsevol lloc i que, quan arriba l'hora d'anar a dormir, munta uns saraus impressionants perquè no els troben. Però, finalment, la família d'en Bernat ha trobat la solució: guardar, sempre, un xumet nou dins del pot de l'arròs que desen al prestatge més alt de la cuina.

I l'Helena? L'Helena ens ha fet petar de riure amb les gràcies d'en Panxo, el lloro, que repeteix totes les paraules que li ha ensenyat el seu pare. El pare és un fanàtic del futbol i, quan fan els partits per la tele, es posa el lloro a l'espatlla i tots dos criden com un parell de ximplets, mentre comparteixen una bossa de pipes i una altra de cacauets.

Els meus companys han explicat un munt de coses divertides!

A mi, com que em venia de gust escriure, m'ha sortit una redacció ben llarga. I és que a casa meva hi viu molta gent i hi ha molt per explicar. Mireu el que he escrit:

A casa visc amb el pare, la mare, la Berta, la meva germana, que és quatre anys més gran que jo, té el cap ple de pardals (això ho diu sovint la mare) i amb qui em barallo massa (això, la mare, encara ho diu molt més sovint!), i en Martí, el meu germà petit, que tot just té sis mesos. Tenim dos gats, en Perico i la Mistela, i dos gossos, en Puces i en Boira, que es diuen així perquè el primer el vam trobar abandonat, brut i ple de puces, i el segon també el vam trobar però enmig de la boira, en una carretera de Lleida i de ben poc no l'atropellem amb el cotxe. Al corral hi ha moltes gallines, galls i conills. També hi tenim un gall dindi, que es diu Pavarotti, i que no ens vam atrevir a matar per Nadal perquè ens va fer pena i que s'ha fet molt gros i ara no cap al galliner; quatre tórtores que vaig comprar a la fira de Vic, que mengen molt i també embruten molt perquè fan un munt de caca, i dues cabres, la Blanca i la Negra, que porten aquests noms perquè l'una és de color blanc i l'altra de color negre, és clar.

Vivim en una casa de pagès a cinc quilòmetres del poble. Al voltant hi ha estables on dormen els rucs, que ajuden el pare i la mare a fer passejades i excursions pel bosc amb tothom que s'hi apunta.

Cada diumenge, la rodalia de casa s'omple de gent que ve a muntar: famílies amb nens petits, grups de iaies i avis, colles de joves amb ganes de gresca... A mi m'agrada observar com la gent es diverteix. Tots els nens volen tocar els rucs, alguns ploren perquè els fa por muntar, d'altres també ploren perquè no volen baixar quan s'ha acabat l'excursió... Hi ha senyores que, quan munten, no paren de fer crits i rialletes; senyors que, quan són dalt del ruc, se'ls posa cara de felicitat i se senten com els cowboys de les pel·lis de l'oest; avis que expliquen al pare i a la mare els seus records de quan eren petits i sortien a treballar muntats en la mula o l'ase... Els rucs, acostumats a tot, se'ls miren amb un posat tranquil i ple de paciència.

La gent no sap que cada ruc té el seu caràcter i les seves manies. Jo els tracto cada dia i els conec molt bé.

El Capità és un ruc noble i pacient que sempre fa la feina i mai no es queixa. El Dalí, un animal guapo que enamora a tothom amb el seu posat de príncep, és el pare de la Xurra. La mare de la Xurra és la Catalina, tan tranquil·la a l'hora de parir, encara que, quan aquesta va néixer, va tenir un gran problema... Sort de la Darbuca que li va fer de dida. Jo també vaig fer el que vaig poder per ajudar-la.

El Pinotxo no les envia a dir: si no està con-

forme amb alguna cosa, engega unes guitzes que Déu n'hi do! No és gaire amic de la Xurra. Alguna vegada li ha deixat anat una bona puntada.

El Ros és l'únic ruc que he vist que es grata a sota de l'orella amb la pota del davant, com ho faria un gos. La Xurra intenta imitar-lo, però encara no ho ha aconseguit!

El més belluguet és el Macaret. Li agrada

ajuntar-se amb la Xurra i amb l'Inca (que també és un cap de trons) per a fer alguna malifeta i no fer cas del que diu el pare.

El Tano és el més tranquil de tots. La Xurra sempre l'ha estimat perquè és un bon jan i ella ho nota. És molt intel·ligent, la Xurra, i llesta i capaç d'entendre moltes coses.

Potser us preguntareu: qui és aquesta Xurra que tant anomeno? La Xurra és la meva ami-

ga, la meva preferida, la ruca que més m'estimo.

Li vaig posar Xurra i tots els de casa van estar d'acord amb el nom.

Amb el pèl marró i espès, la panxa i el musell d'un color claret i les orelles llargues i molt peludes, la Xurra és la ruca més bonica i dolça del món!

Si un dia pugeu fins a casa, us presentaré els meus rucs! Hi esteu convidats!

La mestra m'ha posat molt bona nota. La meva redacció li ha agradat. Però abans de tornar al lloc m'ha preguntat si sabia què volia dir tenir «xurra» i m'ha dit, de passada, que en català tenir «xurra» es diu tenir xamba.

—Xamba? Caram! —he dit, tot pensant que cada dia se n'aprèn una de nova.

He recordat que, una vegada, li vaig fer

la mateixa pregunta al pare i em va explicar que tenir «xurra» vol dir, gairebé, el mateix que tenir sort. Però que no és ben bé igual. I també va afegir que la sort s'ha de buscar, que esperar de topar-hi no dóna mai resultat, que cal treballar per trobar-la i aconseguir que sigui la teva amiga i que no s'ha de deixar tot a mans de l'atzar.

—I què vol dir atzar? —vaig preguntar-li tot seguit.

Però llavors el pare va dir que tenia feina i se'n va anar tot remugant que un altre dia ja m'ho explicaria.

El pare sap moltes coses però no sempre té temps suficient per dir-les en veu alta! La veritat és que tant ell com la mare tenen un munt de coses a fer!

—Tenir xurra? Doncs... ho he pregun-

tat als de casa, però no sabria com explicar-ho del tot —he respost a la mestra—. Seria, per exemple, treure una nota arregladeta en un examen... quan he estudiat molt poquet! També, ser un desastre jugant a baletes i, sense saber com, un dia, ves per on!, guanyar en Miquel, que ja sabeu que és el més traçut de tota la classe, i aconseguir de cop aquella baleta fantàstica que tant havies volgut. Tenir xurra és... que et surti bé una cosa una mica per casualitat.

La mestra no m'ha dit res més de la *xamba,* ha fet que sí amb el cap i m'ha somrigut amb els ulls. La meva mestra, a vegades, s'enfada i crida, però és capaç de somriure d'aquesta manera. És llavors quan noto dins meu un pessigolleig que m'agrada molt i molt.

Va créixer una mica primeta, la Xurra, i un xic desmanegada amb aquelles potes tan llargarudes. Simpàtica i manyaga, però...

Per a desesperació de tothom, la Xurra feia el que realment li donava la gana!

Com que era peluda i petita, passava amb tota tranquil·litat i sense enrampar-se per sota del *pastor,* el fil electrificat que

tanca els espais que només són per al bestiar, i es dedicava a voltar per qualsevol lloc pensant-se que el món era seu!

Sense cap mania, entrava dins de casa i ens la trobàvem al mig de la cuina observant la mare quan feia el dinar. Si tancàvem la porta, treia el cap per la finestra i, si tancàvem la finestra... s'entristia i bramava com el que era, com un ase!

Quan tenia gana, que sempre en tenia, al magatzem falta gent! Sense demanar permís a ningú, es menjava, fins a quedar ben tipa, la palla de les bales que allí hi ha apilades.

I el que costava no tenir-la tot el dia al darrere! Se li havia de ventar, de tant en tant, algun patac al morro perquè s'adonés que allò no podia ser, que no podia estar-se tota l'estona mirant-nos amb cara de pena, demanant una bona fregada entre les orelles o una allisada de crinera.

La Xurra va néixer un diumenge del mes de juny a les dues de la matinada. Tan bon punt va poder alçar-se sobre les potes, va buscar amb avidesa les mamelles de la seva mare. Però, alguna cosa no anava del tot bé...

—Ho tenim fumut! —va dir el pare arrufant el nas—. A la Catalina, li triga molt a pujar la llet. Si no ho fa aviat, aquesta criatura no se'n sortirà! I, a so-

bre, avui és diumenge i costarà trobar el veterinari.

—Pare... no la pots ajudar? —vaig dir fluixet.

El pare no és persona de gaires paraules, però, posant-me la mà a l'espatlla, em va respondre amb veu pesarosa i entendrida:

—Joan, t'he explicat moltes vegades que les coses no surten sempre com nosaltres voldríem.

Em vaig quedar allà, a la cort, mirant la burreta. Les llàgrimes em queien galtes avall! Volia ser fort com el pare, però no en sabia! On s'aprenia a ser valent?

Van passar un parell d'hores i l'animal anava perdent força. Tenia les orelles caigudes i els ulls tristos.

De cop, vaig notar com un llamp dins de l'estómac i vaig decidir que no podia deixar que es morís sense fer-hi res!

—A veure —vaig pensar amb rapidesa—, llet, on puc trobar llet? Els biberons d'en Martí! La llet de fer els biberons d'en Martí!

Som-hi! Vaig preparar un biberó ben ple i la burreta se'l va prendre amb golafreria mentre treia la seva llengua rasposa!

Però allò era només una solució d'e-

mergència! Havia de buscar una manera millor per alimentar l'animal i havia de trobar-la ràpidament! El temps corria en contra...

—La Blanca, la cabra! Té una llet bonísssima! L'aniré a munyir!

I ho vaig fer. I vaig preparar un altre biberó. I la burreta... també se'l va prendre sense deixar-ne ni una gota!

Vaig fer alçar el cap a la ruca. Els seus ulls ja no estaven apagats. Ara li lluïen a través de les pestanyes. Sabeu que els rucs tenen pestanyes? Unes pestanyes llargues i boniques... Però això ja us ho explicaré un altre dia.

—Anem bé, sí que anem bé! Diria que ho he encertat! Per xurra, però ho he encertat!

I va ser en aquell mateix moment que li vaig posar a la ruca el nom de Xurra!

Joan, t'adones del que has fet? —em va dir el pare—. Ara hauràs de ser responsable del pollí i això representa un munt de feina. Suposo que saps de què et parlo?

No, em sembla que jo no sabia exactament de què em parlava! Però ho vaig entendre ben aviat! Només van haver de passar uns quants dies: la Xurra menjava cada tres hores i això volia dir que s'havia de munyir la Blanca i tenir sempre a punt els biberons, i que aquesta feinada... també s'havia de fer de nit!

L'estiu és la temporada de més enrenou a casa. És quan més gent puja a fer passejades. Així que la Xurra va passar a ser responsabilitat meva i només meva!

Per si no n'hi havia prou, la Blanca es va tornar una mica capritxosa i es va en-

caparrar que només volia que fos jo qui la munyís. I ja és estar de pega, perquè, amb això de munyir, la Berta volia ajudar-me i li vaig haver de dir que no i que gràcies.

Ficàvem la llet en pots, la mare hi posava etiquetes amb les dates de cada munyida i els guardàvem a la nevera de casa. Així va ser com vaig descobrir que la ne-

vera... és l'electrodomèstic més útil del món!

Aquell estiu va ser ben diferent dels altres: munyir i tornar a munyir, preparar i donar biberons i més biberons, i de jugar... ben poc! I, per acabar-ho d'adobar, havia de portar en tot moment al meu darrere una ruqueta que m'havia pres per la seva mare!

Al principi d'agost estava rebentat i m'adormia pels racons!

El pare i la mare parlaven baixet i em miraven amb afecte i amb comprensió. Em vaig adonar que no em renyaven si em descuidava de parar la taula o de donar menjar a les gallines.

I com que el temps passava, la Xurra va anar creixent i es va convertir en tota una senyoreta!

A mitjan estiu la Darbuca, que sempre ha estat una mare excel·lent, va parir un pollí. De llet li'n sobrava, a la Darbuca.

Un matí, el pare em va dir:

—Avui no li donis el biberó a la Xurra. Porta-la a l'era de dalt on hi ha la Darbuca.

La Xurra estava afamada i no deixava de donar-me cops amb el morro.

Quan el pare va veure que el pollí de la Darbuca quedava ben tip després de la mamada, va empènyer sense manies la Xurra i la va amorrar a les mamelles de la ruca...

Em vaig quedar bocabadat! La Xurra va començar a mamar i la Darbuca no es va posar gaire neguitosa!

—Ho provarem tres o quatre cops al dia, a veure si tenim «xurra» un altre cop! —va dir el pare.

La Darbuca es va convertir en la dida

de la Xurra. No semblava que s'estimessin com a mare i filla, però la Darbuca *consentia* que mamés una estona i la Xurra... era com si anés a una màquina d'aquestes que serveixen begudes!

Però jo, en Joan, continuava sent *la seva mare* i la Xurra em seguia per allà on anava o flairava l'aire per controlar-me si me n'havia allunyat. I si no em trobava... bramava!

Oi que ara enteneu per què la Xurra feia el que li donava la gana i es comportava com una nena malcriada? Era com una princesa i ningú no li podia portar la contrària. I costava de renyar, perquè era simpàtica i bonica i tenia uns ulls tan dolços!

L'estiu s'estava acabant i la Xurra, a poc a poc, havia anat posant una mica més de seny.

Ja no entrava tant a la cuina de casa i bramava menys quan la deixàvem a fora. Havia après a conviure amb els altres rucs i s'ajuntava amb l'Inca i en Macaret per fer entremaliadures.

Ja no m'anava tant al darrere, però li agradava que li fregués el musell i li raspallés el pèl mentre li explicava coses meves.

El curs va començar i jo vaig tornar a l'escola.

—El temps tot ho arregla, oi Joan? Imagina't que haguessis d'anar a l'escola i asseure la Xurra al teu costat a classe! —deia el pare amb un to burleta i deixant anar una mitja rialla.

L'entrada de la tardor no va portar a la Xurra gens ni mica de ganes de treballar. Era rebel i no parava quieta ni un moment a l'hora de posar-li els arnesos i no li agradava seguir la filera dels altres rucs quan es feien les excursions.

—Joan, potser sí que hauràs de portar la Xurra amb tu a l'escola. A veure si l'eduquen una mica! —va dir el pare. Encara bo que no perdia el bon humor!

Un dissabte, el pare va portar a casa un carret de passeig. Decidit com és, va agafar la Xurra i la hi va enganxar. Tots pensàvem que la burra es posaria frenètica i no hi hauria manera de fer-la creure. Però... quina sorpresa!, no va dir ni piu! Quin animal tan curiós! Mai no saps amb quina et sortirà! El pare em va fer un gest amb el cap per animar-me.

—Vinga, Joan! Tota teva! A veure si aconsegueixes que aquesta bèstia es guanyi d'una vegada el que menja!

Des d'aquell dia passejo a tothom que ho vol amb el meu carret. Els nens petits són els meus millors clients. I, des del primer moment, la Xurra va estar contenta amb la seva feina i encara més quan li vaig posar un collar amb tot de picarols. Fan un so molt bonic mentre ella camina!

Quantes passejades hem fet amb la Xurra...

Però, una vegada que vaig sortir a muntar sol amb la Xurra, ens en va passar una de ben grossa...

La voleu saber? Doncs mireu, us ho explicaré ara mateix.

El sol entrava per la finestra de la meva habitació i... què hi feia jo de dia al llit? El cap em donava voltes i no podia moure el braç perquè me l'havien embenat molt fort!

Els pares em miraven amb cara d'amoïnats, fins i tot la Berta era allà, als peus del meu llit... i també hi havia el doctor Roure!

—Hola, noiet, com ens trobem aquest matí? —em va dir el metge—. T'has donat una bona patacada. Però ets jove i els ossos se't soldaran bé!

No diríeu mai com és que jo era al llit tot fet una coca!

Calla una mica, Joan! Deixa'm explicar-ho a mi, que tu podem dir que no hi eres!

És veritat, el pare sap millor que jo com van anar les coses aquell dia...

—La Xurra va entrar esverada al menjador! Ja hi tornàvem a ser? Si ja feia temps que havia perdut aquell mal costum! A més a més es comportava d'una manera estranya: donava voltes, deixava anar uns brams plens de pena, amb les dents ens estirava els pantalons... Què li passava? Què volia?

—Jo diria que vol que la seguim! —va dir aleshores la mare.

—La Xurra ens va portar a un lloc del bosc on hi havia en Joan. Des de ben petit, en Joan és com un esquirol tossut: grimpa sense problemes fins a dalt de qualsevol arbre. Deu haver escalat cada una de les alzines i dels roures que hi ha pel camí de casa fins al poble!

»Però aquell dia, en Joan jeia a terra amb els ulls tancats. Havia caigut des d'una bona altura! La sort no l'havia acompanyat, però, en canvi, la Xurra continuava al seu costat.

»Quin ensurt que vam tenir! La trompada havia estat molt forta. En Joan esta-

va tot ple d'esgarrinxades. Tenia una ferida terrible al cap i un braç i una cama li penjaven desmanegats! El vam portar corrents cap a casa i el doctor Roure va venir de seguida.

Vaig haver de fer llit una pila de dies. Estava tot adolorit i masegat! Els companys de l'escola em van omplir el guix del braç i de la cama de signatures de coloraines.

I la Xurra? Què feia mentrestant la meva ruqueta?

Doncs anava d'aquí cap a allà sense esma. S'enyorava, menjava molt poquet i no volia saber res de ningú. En poc temps

s'havia convertit en un animal abatut i trist.

Tan bon punt el pare i la mare es van adonar de la situació, van parlar amb el doctor Roure i, amb molt de compte, em van traslladar al pis de baix, al menjador, on havien improvisat un llit ben còmode al sofà.

—I ara, deixem-la que torni a entrar! —va dir el pare amb resignació—. Apa noia, ja saps el camí!

Els grans ulls de la meva amiga em van mirar des del llindar de la porta i... la seva fesomia va canviar de cop! Es va apropar decidida al sofà i em va ensumar com ho faria un gos. Les orelles, caigudes fins a aquell moment, se li van alçar fermes i atentes. Em va ventar un cop amb el morro que va ser com un gran petó ple de confiança. I jo la vaig abraçar pel coll mentre enfonsava la cara a la seva crinera suau i peluda.

M'ha quedat al front una magnífica cicatriu amb la marca dels tretze punts que em van haver de donar. I, sembla mentida, del braç i de la cama trencats... gairebé ni me'n recordo!

Un matí, mentre em pentinava mirant-me al mirall, vaig ser conscient, de cop, de la patacada que m'havia donat. La cicatriu anava perdent aquell color vermellós tan lleig que tenia al principi, però... que gran que era i com es notava encara! M'acabava d'adonar del que m'hauria pogut passar, del perill real de la caiguda.

—Pare, devia tenir molta xurra el dia de l'accident? —vaig preguntar amb un fil de veu.

El pare va parar un moment d'afaitar-se.

—Vols dir? Jo diria que, més aviat... va ser la sort de tenir la Xurra!

La caiguda de l'arbre ja és una història molt llunyana...

Avui, sortint de l'escola, la Irene i l'Agnès, les meves millors amigues, m'han preguntat per la Xurra.

—Com està la teva amiga? Fa temps que no ens en parles!

I tant! Últimament quasi no els explico res de les meves aventures amb els animals de casa. I és que em sembla que els

meus companys tenen altres coses al cap i que això dels rucs no els interessa gaire.

Però... mira, les he agafat a totes dues per les espatlles i m'ha vingut de gust explicar-los el secret.

—Sabeu, la Xurra ha de tenir un pollí!

—Apa! Ja?

Ostres! Tenen raó! El temps ha passat volant! La Xurra ja s'ha fet gran... i jo també!

Així que ja ho sabeu: la Xurra ha de tenir un pollí i jo ajudaré el pare quan arribi el moment del part.

Tant si és mascle com si és femella, al pollí li posarem Sort, encara que el nom d'Atzar... també m'agrada!

Lola Casas

Lola Casas va néixer a Mataró l'any 1951. Des de fa molts anys, treballa de mestra i combina aquesta tasca amb la d'escriptora de contes i de poesia per a infants. A la Lola li agrada llegir, anar al cinema, escoltar música i passejar pel bosc. Però és xerrant i fent treballs divertits i creatius amb els nens i nenes de la seva escola quan s'ho passa més bé. La Lola pensa que els rucs són animals mansois, carregats de paciència i, al contrari del que creu la gent, molt intel·ligents.

Francesc Chiva

Mataró, 1957. Va estudiar geografia i història i ha treballat al gènere de punt i a l'administració pública i ha fet de pintor i de mestre de català. Encara no sap què serà quan sigui gran ni si li agradarà escriure.
Ha conegut la Lola perquè és mestra de l'escola dels seus fills. Com a pare, col·labora amb l'Ampa i toca el flabiol per fer ballar el gegant de l'escola.
La seva relació amb els rucs és escassa, però "diuen" que ja li agradaven molt abans d'escriure aquest relat.

Pell de caramel
Joan de Déu Prats
Grumets núm. 163
40 pàgines

Úrsula és una vedella que rumia molt. No, no és que s'afarti de menjar herba, sinó que fa funcionar molt el cervell i es pregunta un munt de coses. Com per exemple, per què redimonis ha de dur esquellot. Per què només porten esquellot les vaques i cap animal del bosc? Finalment sabrà la resposta i coneixerà la llibertat.

En Plora Miques i els animals
Joaquim Carbó
Grumet groc núm. 172
64 pàgines

En Plora Miques era un pellroja que, de petit, no es feia estimar perquè tenia el plor fàcil. I si va créixer apartat de la gent del poblat, cansada de sentir-lo bramar per qualsevol cosa, cada dia que passava era més amic dels animals. Tant, que va ser company del Llop i el primer de muntar el Cavall, dues bèsties que fins aquell moment no es deixaven dominar.

Valentí, el clandestí
Meri Torras
Grumet groc núm. 162
40 pàgines

Si el Valentí és una mica cranc, una mica escorpí, una mica camaleó i una mica ostra... què és? Això és el que intentarà esbrinar en un viatge acompanyat d'uns amics de descoberta molt especials.

1. Auflage Februar 2008

ISBN 978-3-940841-11-7

Lektorat: Annette Böhm/ München
Illustration: Werbestudio-Werbetechnik Niemczyk/ Erlensee
Druck-/ Bindearbeiten: Druckservice Spengler/ Bruchköbel
Printed in Germany

Inhaberin und Autorin: Pia Endres/ Kempten

www.moldavit-engel.de

moldavit-engel

„Engel - Steine“

„Wisse zu wissen, wer welchen Namen trägt,
wer für welche Aufgabe der Richtige ist,
wer zu welchem Zeitpunkt der Passendste ist,
und du hältst die Macht und die Magie
des Wissens in deinen Händen.“
(Engelfürst Jeremia / Stein: Euklas)

Wenn wir das wissen, kann in unserem Leben nichts mehr schief laufen ...

Herzlichst,
moldavit-engel

Vorwort

In diesem Büchlein sind 477 Engel in Verbindung mit dem jeweiligen Stein notiert, dessen Steinschwingung der Engel in sich trägt. Somit kann der ausgesuchte Engel schneller gerufen und zielgerichteter gefunden werden. Es sind Kurzauszüge meiner 3 großen Bände „Die Botschafterin der Engel".

Zu Beginn zähle ich die Erzengel mit ihren Tätigkeitsbereichen auf und füge danach den Postboten an, der als Botschafter zwischen uns und der jeweiligen Gruppierung wirkt.

Diese können äußerst hilfreich sein, wenn es darum geht, schnell eine Hilfe zu erhalten, uns aber im richtigen Moment nicht der passende Engel mit Namen und Aufgabengebiet einfällt.

Danach ist das Büchlein, wie im Inhaltsverzeichnis zu ersehen, nach Wirkungsgruppen von A-Z unterteilt. Die genaue Auflistung (Suchindex Engel/Steine/Stichwörter) finden Sie am Schluss in einem übersichtlichen Inhaltsverzeichnis, damit Sie Ihren Engel immer problemlos und zügig finden können.

Ich möchte an dieser Stelle noch einfügen, dass es in der Engelarbeit keine Richtlinien, Gesetze oder Vorgaben gibt, nach denen wir uns richten müssen. Es gibt nur ein paar Kleinigkeiten, die für Engel schön wären … denn auch wir freuen uns, wenn wir eingeladen werden und aufgeräumte, helle Räume betreten können, in denen wir erwünscht sind.

Worüber freuen sich Engel am meisten?

Über:

- Blumen
- Räucherwerk
- Kerzen

Womit erreichen wir bei den Engeln etwas mehr als vorher für uns vom göttlichen Plan eigentlich vorgesehen war?

<u>Wenn wir</u>

- ihnen Respekt entgegenbringen
- ihnen unsere Offenheit und Vertrauen schenken
- motiviert sind zur Mitarbeit
- mehr geben als uns erst möglich scheint
- ihnen zuhören und nicht zu heftig widersprechen

Nehmen Sie sich Zeit, zünden Sie eine Kerze und Räucherwerk an, und seinen Sie offen für das, was kommt – es werden sich Ihnen Türen und Tore zur Welt der Engel öffnen!

Im Segen der Engel

Ihr *moldavit-engel*

Die Verbindung vom Stein zum Engel

Edelsteine, Mineralien und Heilsteine besitzen ihre eigene Schwingungsfrequenz, die wiederum mit der Schwingung des jeweils zugeordneten Engels verbunden ist. Und genau das ist es, was es uns erleichtert, mit den Engeln schneller, direkt und ohne Umwege in Kontakt zu treten.

Steine sind die Boten, durch die indirekt die Engel leichter anwesend sein können, zudem sind sie die Dolmetscher, die es uns einfacher machen, mit den Engeln zu kommunizieren.

Steine speichern Daten, Unterhaltungen und Lehren in sich und geben diese Informationen innerhalb von 2-6 Wochen in einer für uns aufnehmbaren Geschwindigkeit an uns ab. Das ermöglicht uns das Lernen, wobei wir die Materie viel besser behalten können.

Von Vorteil ist zudem die jeweilige Heilwirkung der verschiedenen Steine, wobei Sie sich zusätzlich in körperlichen und seelischen Belangen fachmännischen Rat einholen sollten. Zudem beachten Sie bitte bei der Anwendung, dass ein Teil der Steine radioaktiv, asbesthaltig oder anderweitig giftig ist!

Die Anwesenheit der Engel kann wahrgenommen werden durch plötzliches Frösteln, Gänsehaut, Frieren … bis hin zu Schwitzen und Hitzewallungen. Auch Gefühle wie ein inneres Wohlsein oder Unruhe können die Anwesenheit von Engeln anzeigen. Und das in unterschiedlicher Intensität, je nach der Gruppierung, aus der der jeweilige Engel kommt.

Engel kann man sehen, hören, fühlen oder riechen. Es ist sehr selten, dass ein Mensch Engel anhand mehrerer Empfindungen gleichzeitig wahrnimmt. Das scheint mir in meiner Wissenschaft über Engel ein ausgeklügeltes Phänomen zu sein, das eine Art Sicherheitssystem in den göttlichen Ebenen ausmacht.

Wenn ein Engel bei Ihnen ist, dann reden Sie! Stellen Sie ihm Fragen: Wie er heißt, woher er kommt, was seine genaue Aufgabe ist … Glauben Sie mir, Antworten erhalten Sie immer! Manchmal dauert es zwar eine Weile, bis wir sie bekommen, und sollten wir sie nicht verstehen, so gibt es auch hierfür eine Lösung: Engel hinterlassen Botschaften. Wenn wir die Worte nicht verstehen, so sehen wir die Zeichen, die sie zurücklassen.

Ich möchte Ihnen zum Schluss noch einen guten Rat geben: Haben Sie Geduld mit Engeln, denn sie haben ein anderes Verständnis von „Zeit" und sehen daher so manche Sorge als nicht so wichtig an, wie sie uns zu sein scheint. Engel rechnen in Zyklen, die ab zwei Jahren beginnen. Jedoch: Je mehr Engelkontakt Sie haben … desto schneller werden Engel Sie aufsuchen können und Ihnen beistehen, in welcher Situation auch immer ...

Wenn Sie fragen zu Engeln und Steinen haben, dann schreiben Sie mir!
E-Mail: *info@moldavit-engel.de*
Homepage: *www.moldavit-engel.de*

Inhaltsverzeichnis

11. Erzengel: **Sandalphon** – Engel der Prüfungen

- Engel des Willens und der Selbstbehauptung
- Engel für Geist, Gedanken und der Konzentration
- Engel für das Lernen, Prüfungen, Schule und Studium
- Engel des Wissens und der Weisheit
- Engel der Lehre, Lehrer und Ausbildungen
- Engel der Durchsetzungskraft und des Willens
- Engel des Selbstbewusstseins
- Engel der Erziehung und Ausdauer
- Schutzengel vor Neid, Geiz und Hochmut
- Schutzengel bei Wut, Aggression und Hass
- Engel der Verführung zum Test für Menschen
- Prüfungsengel der Menschen

„Die graue und 11. Lichtstrahlung unterliegt mir. Wenn ich dich aufsuche, treffen dich die härtesten Prüfungen, die dich entscheiden lassen müssen, zu welcher Seite du gehörst. Wir stärken euren Willen, die Selbstbehauptung, das Durchsetzungsvermögen sowie die Ausdauer für all deine Ziele. Meine Engel sind zurückhaltend und lehren Wissen, Weisheit und verstärken die Konzentration über das menschliche Gehirn hinaus. Wir unterstützen alle eure Prüfungen, Lehren und Ausbildungen. Uns unterliegen die Erziehung und Korrektur von Fehlentwicklungen wie Neid, Geiz, Hochmut, Wut und Aggressionen. Sollten dich der Eitelkeit und Selbstüberschätzung überkommen, so setze ich dich in die Unterwelt um zu sehen, ob du diesen Versuchungen widerstehen kannst. Diese Prüfungen werden die schwersten deines Lebens sein, doch bestehst du sie, wirst du immer an dem Weg festhalten, wovon du einst so überzeugt warst.“

(Erzengel Sandalphon / Stein: Kassiterit)

Postbote zu Sandalphon: Engel **Cadiel** / Stein: Mohawkit

12. Erzengel: **Raguel** – Engel des neuen Beginns

- Richterengel über Tod oder Leben
- Begleitengel der Sterbenden und der Sterbehilfe
- Engel für die Trennung von Seele und Körper
- Engel der Führung nach Hause zur Quelle
- Begleitengel der Zurückgebliebenen
- Engel des Testaments und des letzten Willens
- Engel des Mondes und der Planeten
- Führungsengel in die Unterwelt
- Schutzengel aller fremden Wesenheiten
- Lehrerengel der Seelen-/Geistkommunikation
- Retterengel der Selbstmörder
- Engel des Schutzes vor Schattenwesen

„Ich bin der Bote Gottes, der dir, seinem Auftrag gemäß, durch einen Kuss das Leben aushauchen wird. Der Großteil unserer Unterengel hilft euch dabei, eure Seele vom Körper zu trennen und begleitet euch zum Tor, an dem die Engel Gabriels schon auf euch warten werden. Halt, Schutz, Begleitung und Trost werden sie dir gewähren und dir die Angst vor dem Sterben nehmen. Ein anderer Teil meiner Unterengel bewacht und behütet alle, die nach dem Verlust eines Menschen oder Tieres in Einsamkeit zurückbleiben. Wir achten auf Gerechtigkeit und Versorgung auf ihrem weiteren Weg. Meine Engel führen euch auch in das Reich der Toten und lehren euch die Geister- und Seelensprachen. Meine Engel und Schüler bewohnen die Sterne und die Weiten des Mondes, der Planeten und des allumfassenden Universums und kommen zur Nacht, um euch in Träumen beizustehen und die Nachrichten von Jahwe, unserem Vater, zu übermitteln."
(Erzengel Raguel / Stein: Jadeit schwarz)

Postbote zu Raguel: Engel **Rifion**/ Stein: Caledonit

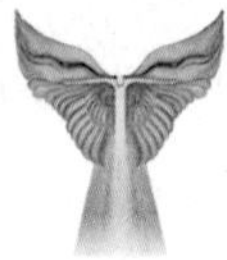

A

Alltagsbewältigung

Engel **Samuel** – Engel der Alltags-Einteilung

„Deinen Alltag kenne ich nur zu gut … und mit mir nimmt er eine Form an, die sich erfüllen lässt. Ich sortiere für dich die Arbeiten und Werke aus, die wirklich notwendig sind. Alles wirst du mit mir erreichen, nichts wird liegen blieben. Ich wecke dich morgens, geleite dich durch den Tag und sorge für die pünktliche Nachruhe."

(Engel Samuel / Stein: Alunit / Band 1)

Angst

Engel **Sailiel** – Schutzengel der Realität

„Tiefste Abgründe oder hohe Mauern aus Unsicherheit, Sorgen und Hemmungen verwandeln sich mit mir in Brücken des Lichts. Nichts wird dir in meiner Anwesenheit mehr geschehen! Lebe hier und jetzt! Bist du erfüllt von meiner Liebe, dann hast du in dir die Sicherheit, die alle Hürden meistert. Keine Angst ist so groß, dass du sie mit mir nicht überwinden könntest!"

(Engel Sailiel / Stein: Sugilith / Band 1)

Engel **Meher** – Schutzengel der Verlorenen

„Habe keine Angst. Ich trage dich über die dunklen Wege deines Labyrinths! Deine Unsicherheit löst sich auf, wenn ich dich an die Engel übergebe, die bereits im Licht der Göttlichkeit auf dich warten. Sie werden sich ab nun um dich kümmern."

(Engel Meher / Stein: Picasso-Marmor / Band 1)

Engel **Manuel** – Schutzengel des Vertrauens

„Deine Ängste sind unbegründet! Jeder Schritt, den ich mit dir gehen darf, erfüllt dich mehr und mehr mit Vertrauen in dich selbst. Stück für Stück kehrt deine Selbstsicherheit ein, mehr und mehr wirst du mit mir zum Felsen in der Brandung, dem zukünftig niemand etwas anhaben kann."

(Engel Manuel / Stein: Dumortierit / Band 1)

Engel **Amenlee** – Schutzengel der Festigung

„Ihr Menschen geht Irrwege aufgrund eurer eigenen Pläne. Wenn du die Kontrolle über dich, dein Leben oder deine Arbeit verlierst, wenn deine Sorgen, die Unruhe sowie deine Angst unkontrollierbar werden – dann bin ich der richtige Engel für dich. Ich hole dich aus den Tiefen, stärke dich mit meinem Licht und dem göttlichem Schutz und führe dich wieder auf den Weg des Lebens zurück."

(Engel Amenlee / Stein: Antimonit / Band 1)

Arbeit

Engel **Schad** – Engel der Arbeit

„Es gibt Pflichten, deren Erfüllung notwendig ist. Nimm sie hin, wie sie sind, gemeinsam schaffen wir es! Mit mir bewältigst du jede Arbeit gezielter, leichter und effektiver. Ich halte Unlust und Müdigkeit von dir ab und versehe dich stattdessen mit Ausdauer, Energie und einem eisernen Willen, um alles zu einem guten Ende zu bringen."

(Engel Schad / Stein: Printstone / Band 1)

Engel **Sachiel** – Engel der Unternehmungen

„Warum willst du Mensch dich immer beweisen und alles alleine schaffen? Du klopfst dir dann selbst auf die Schulter, um dich zu loben, sonst tut dies ja niemand ... Beziehe mich in deine Aktivitäten mit ein, und du wirst das erreichen, was du dir als Ziel gesetzt hast."

(Engel Sachiel / Stein: Crazy-Lace-Achat / Band 1)

Engel **Atherom** – Engel der intellektuellen Arbeit

„Ich beschere dir Glück und Erfolg und weihe dich in die tiefen Wissensschichten der geistigen Arbeit ein! Nimm meine Hände und lass dich von mir führen. Die Umsetzung deiner Wünsche im Bereich deiner Arbeit, deiner Vorstellungen und deiner Werke ist meine Berufung, die ich vor Gottes Antlitz und zu deiner Zufriedenheit erfüllen werde."

(Engel Atherom / Stein: Azurit / Band 1)

Engel **Katzachiel** – Engel des Selbsterhaltungstriebes

„Kopf hoch! Es gibt nichts, was du mit mir nicht schaffen wirst! Kniffelige Aufgaben bereichern dein Wissen. Wählst du dir nur die leichten aus, so wirst du dich niemals weiterentwickeln. Alle scheinbar unüberwindbaren Prüfungen und Arbeiten wirst du mit mir bestehen und nicht, wie es jetzt den Anschein hat, daran zerbrechen. Eines Tages wirst du dich umdrehen ... zurückblicken und stolz auf dich und alle deine erreichten Werke sein!"

(Engel Katzachiel / Stein: Cacoxenit / Band 1)

Engel **Lurchi** – Arbeitsengel im Licht der Sonne

„Mit Leichtigkeit und Freude erfüllt sich dein Sein in meiner Anwesenheit, und jede Arbeit geht dir einfacher von der Hand. Ich bin deine Einteilung, die Übersicht und die Organisation, mit der du alles ohne Mühe bewältigen wirst."

(Engel Lurchi / Stein: Hämatitquarz rot / Band 1)

Engel **Malachim** – Engel des Bewusstseins

„Wenn du Neues beginnst oder schwierige, langandauernde Arbeiten durchführen musst, so bin ich der Richtige für dich. Meine Übersicht und die Betrachtung aus meiner Sichtweise schalten Umwege und Fehlhandlungen aus, und alles wird sich in göttliche Leichtigkeit verwandeln."

(Engel Malachim / Stein: Sternrubin / Band 1)

Arroganz

Engel **Balthial** – Engel der Akzeptanz

„Selbstliebe, Eifersucht, Hochmut, Neid und Arroganz sind normal für Menschen. Doch zu viele von diesen Eigenschaften sind nicht angebracht, und ich sorge dafür, dass ihr das rechte Maß findet. Mit Wärme, Licht und Zufriedenheit breite ich meine Schwingung über euch aus und lenke euch sanft in die Bahn der Akzeptanz eures Selbst."

(Engel Balthial / Stein: Covellin / Band 2)

Engel **Akakimo** – Engel der Wahrheit

„Spiritualität ist leider bei euch sehr geheuchelt, und nur noch wenige unter euch wissen wirklich, was damit gemeint ist. Verzeihen, dienen und leben in Demut, verbunden mit dem Geben der Liebe, des Lichtes und der Hoffnung sind für euch schwer zu erreichen. Noch schwieriger ist es jedoch, sich dabei nicht für andere aufzuopfern oder die eigene Lebensaufgabe darüber zu übersehen."

(Engel Akakimo / Stein: Creedit / Band 2)

B

Balance

Engel **Baglis** – Engel der Gelassenheit

„Deine Entwicklung geht zu schnell. Du willst lernen, doch vieles einfach zu rasch. Greife nicht nach den Sternen, sondern lebe im Hier und Jetzt. Ich glätte die Wogen deiner Seele, damit du in Ruhe entscheiden kannst, was du willst, wie es weitergehen soll und was das Richtige für dich und deinen Werdegang ist!"

(Engel Baglis / Stein: Nephrit / Band 1)

Lichtengel **Magalucha** – Engel der Balance

„Fehlende Ruhe und Rastlosigkeit werfen auf lange Sicht dein Leben aus der Bahn. Sie zerstückeln dich gleichsam, so dass kein Werk oder eine Handlung mehr zustande kommen kann. Wie ein Puzzle setze ich alle deine Gedanken, Handlungen, Werke und Hoffnungen zusammen, bis du als Ganzes wieder vor mir stehst!"

(Lichtengel Magalucha / Stein: Bronzit / Band 1)

Engel **Mupiel** – Engel der inneren Mitte

„Ich nehme sanft deine Hand in die meine und führe dich in deine innere Mitte, dein Zentrum, deinen Mittelpunkt, zu deiner Seele! Neue Eindrücke, Aufgaben, Situationen, Begegnungen mit Menschen, Gefühle und Verletzungen prasseln in verschiedenen Lebenslagen auf dich ein wie ein Regenschauer – ich bin dein Halt und helfe auch gespaltenen Persönlichkeiten, wieder in ihre Mitte zurückzukehren, aus der sie einst hervorgegangen sind."

(Engel Mupiel / Stein: Alexandrit / Band 2)

Behinderungen

Engel **Iris** – Schutzengel der Behinderten

„Ich stütze Menschen, die durch Unfälle zu Behinderungen gekommen sind. Ich stehe Menschen bei, die vor Kummer und Gram ihr Leben nicht mehr leben können. Ich helfe jedem Behinderten, der Hilfe braucht, um sein Leben wieder zu meistern, egal, ob die Behinderungen von Geburt an bestehen oder erst im Laufe des Lebens erworben wurden."

(Engel Iris / Stein: Nephrit blau / Band 2)

Engelfürst **Hajim** – Führer in die Herzen der Behinderten

„Je schwerer die Behinderung eines Menschen ist, desto älter ist seine Seele. Ich stehe den Schwerstbehinderten bei, dieses Leben zu leben. Denn es ist ihre letzte Inkarnation, bevor sie auf ewig uns Engeln angehören. Ich helfe aber auch den Menschen, die diese Behinderten betreuen und pflegen, damit sie ihre eigenen Grenzen nicht überschreiten bei dieser schweren Aufgabe."

(Engelfürst Hajim/ Stein: Montebrasit / Band 2)

Berufliche Veränderung

Engel **Opilon** – Engel der beruflichen Veränderung

„Erfolg und Unternehmungen nehme ich in die Hand. Deine Intelligenz wird wachsen wie ein Baum, deine Klarheit fließen wie das Wasser eines Baches und deine geistige Offenheit wird zunehmen wie die sich öffnende Türe deines Hauses. Meine Augen und Sinne zeigen dir, wie die Dinge sich in deinem Beruf verhalten und welche Auswirkungen das auf die Zukunft hat. Sage mir, was du verändern möchtest, und ich werde dir diesen Wandel gewähren."

(Engel Opilon / Stein: Bergkristall gelb / Band 1)

Berufung

Engelfürstin **Vesta** – Engel der Berufung

„Ich bin deine Führerin in die Welt deines Inneren. Mit mir gehst du auf einen festen und sicheren Pfad deiner wachsenden Spiritualität. Ich begleite dich solange, bis du deinen Weg gefunden hast und diesen sicher und ohne Zweifel beschreiten kannst. Ich bin mit Freude und großer Liebe dabei, dich zu formen und auszubilden; ich verleihe dir die Kraft, dein Ziel und deine Berufung niemals aus den Augen zu verlieren."

(Engelfürstin Vesta / Stein: Tansanit / Band 2)

Engel **Otthiel** – Engel des Vertrauens

„Ich bin ein Engel für euch, der die Verbindung und Führung auf diesem doch sehr schwierigen Weg der Entwicklung für euch vorbereitet. Meine Worte könnt ihr immer verstehen, da ich euch sehr nahe bin und viel unter euch Menschen verweile. Bei jeder Angelegenheit, Überlegung oder mehreren Möglichkeiten für eine Entscheidung des Lebens bin ich dicht bei euch und weise euch immer den richtigen Weg in die Göttlichkeit."

(Engel Otthiel / Stein: Chloromelanit / Band 2)

Engel **Hanael** – Engel der Ausdauer

„Spirituelle Entwicklungen und Veränderungen benötigen Kraft, Energie, Ausdauer und Durchhaltevermögen. Versuche, dein vor dir liegendes Ziel zu erreichen. Arbeite mit der Stärke deines Willens darauf hin, denn du wirst deine gesamte Ausdauer brauchen, um diesen Lebensweg gehen zu können! Bleibe niemals stehen, sondern rufe mich, und ich werde dir helfen, dein Ziel mit Beharrlichkeit zu erreichen!"

(Engel Hanael / Stein: Eisenjaspis / Band 2)

Engel **Samandriel** – Engel der Verinnerlichung

„Eines nach dem anderen ... Ein Schritt kommt vor dem nächsten und jeder dieser Schritte muss verinnerlicht sein. Sprünge in der jetzigen Entwicklung zu machen oder gar mehrere Schritte auszulassen, ist nicht der Sinn, denn was du dazwischen übersiehst und nicht erlernst, wird dir ewig auf deinem Lebensweg fehlen."

(Engel Samandriel / Stein: Jaspis rot / Band 2)

Blockaden

Engel **Tual** – Engel für Halt und Geborgenheit

„Die Sorgen, denen du in deinem Leben begegnest, gestaltest du dir selbst: durch Nichtigkeiten, Belanglosigkeiten oder falsche Vorstellungen. Ich bin mit Halt und Geborgenheit dicht an deiner Seite, solange bis du die Sicherheit in dir, in deiner inneren Mitte wieder gefunden hast, alleine zu erkennen, zu entscheiden und alles zu verwirklichen, was Wichtiges vor dir liegt! Dann wird es keine Unsicherheit oder gar Kummer mehr geben!"

(Engel Tual / Stein: Regenwald-Rhyolith / Band 1)

Engel **Sernpolo** – Engel der Aktivität

„In meiner Anwesenheit werden deine Sorgen verblassen und Hemmungen zu Staub zerfallen. Alles um dich herum wird transparenter, der Nebel der gedanklichen Irrwege wird sich auflösen. Das eröffnet dir einen klaren Blick, eine deutliche Sicht auf die Situation, und du kannst dir die Ziele, die du meinst, erreichen zu müssen, direkter setzen!"

(Engel Sernpolo / Stein: Ulexit / Band 1)

Engel **Horog** – Engel der Zuversicht

„Deine Vorstellungen vom Leben sind Hindernisse, die dich bremsen. Rufe mich, und ich werde dir meine Anleitung geben zum Abtragen von Hürden und Mauern. Hemmungen und Blockaden lösen sich auf, und du kannst nun endlich wieder dein Lebensglück von vorne beginnen!"

(Engel Horog / Stein: Marmor weiß / Band 1)

Lichtengel **Umabel** – Engel der Handlung

„Die suchenden Seelen der Erde haben noch keinen Wegbegleiter, der sie an die Handlungen eines jeden Schrittes erinnert. Wenn du dich als ‚Begleitengel auf Erden' siehst, dann wirst du es sein, der sie

von ihrem logischen Denken weglotst, an dem sie so sehr festhalten. Du wirst sie jeden Tag an ihre Handlungsbereitschaft und Weiterentwicklung erinnern und ihnen täglich die Hoffnung wiedergeben, dass sie auf dem richtigen Weg sind. Du wirst es sein, der ihre Muster und Blockaden, die sie mit sich führen, auflösen kann. Du wirst es sein, der sie Stück für Stück in die Geheimwissenschaft zu uns Engeln und der lichtvollen Seite führen wird. Deine Devise wird sein: Umwandlung durch Wandlung am Menschen. Ohne ihn berühren zu müssen, ohne auf ihn einzureden, ohne ihm zu befehlen, wirst du dein Ziel mit Geduld und Ausdauer erreichen.“

(Lichtengel Umabel / Stein: Auripigment / Band 3)

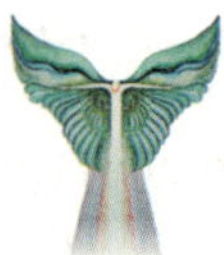

D

Dankesengel

Engel **Mennolika** – Engelbote der Dankbarkeit

„Der Dank von dir an uns öffnet dir alle Türen, und wir hegen den Wunsch, näher bei dir zu sein. Alles ist einen Dank wert, nicht nur dein Leben, sondern deine ganze göttliche Existenz. Jeder Atemzug, jeder Schritt, jeder Gedanke ... Fühle in dich hinein und reflektiere ... du weißt, wo du mich finden kannst, und ich werde deinen Dank an den jeweiligen Engel zügig weiterreichen.“

(Engel Mennolika / Stein: Larvikit / Band 1 / Bote von Gabriel)

Demut

Engel **Ohriel** – Engel der Einfachheit

„Bescheidenheit ist eine der göttlichsten Tugenden, die es gibt. Im Hintergrund zu wirken, mit Konzentration und Hingabe, das ist langlebiger als das Umherstolzieren eines Pfaus. Dein Ansehen wird wachsen, viel mehr als du dir erträumst … doch nicht unter den Menschen, sondern lediglich bei uns Engeln."

(Engel Ohriel / Stein: Paraiba-Turmalin grau / Band 2)

Engel **Ysquiran** – Engel der Gesetzmäßigkeit

„Meine Flügel breiten sich über dir aus, und meine Liebe, Gnade und Barmherzigkeit werden auf dich übergehen. Ich bin der Engel der Gerechtigkeit und göttlichen Demut. Senke deinen Kopf und diene aus innister Liebe heraus deinen Mitmenschen."

(Engel Ysquiran / Stein: Kunzit / Band 2)

Diplomatie

Engel **Haaiah** – Engel der Diplomatie

„Denke erst über alles nach und ziehe dein Resümee daraus. Ich komme, wenn weitreichende Entscheidungen anstehen, und ich werde dich so lange festhalten, bis du reflektiert hast, dass du anders nicht mehr vorankommst. Das tue ich nicht, um dich aufzuhalten, sondern um unbedachte Umwege zu vermeiden, die aus deiner Ungeduld heraus entstehen."

(Engel Haaiah / Stein: Dalmatiner-Jaspis / Band 1)

Drogen

Engel **Haurvatat** – Schutzengel der Gesundheit

„Egal, welchen Raubbau du an dir treibst, ich werde immer bei dir sein. Die Folgen von Drogen, Alkohol, Ernährungsfehlern oder anderen problematischen Lebensweisen liegen in meiner Hand. Ruhe dich aus, denn meine Arbeit an dir wird anstrengend. Mein Name bedeutet übersetzt: ‚Das Licht der Heilung', und dieses lasse ich über dir leuchten, so lange ich bei dir bin."

(Engel Haurvatat / Stein: Buntjaspis / Band 1)

Engel **Arator** – Engel der Neutralisierung

„Ich neutralisiere Drogen und Rauschgetränke und vermindere deren Wirkung. Doch stehe ich nicht jenen bei, die unachtsam mit ihrem Leben umgehen und mich aus Bequemlichkeit täglich brauchen, sondern nur denen, die sich gesellschaftlicher Zwänge nicht erwehren können und, um ihr Gesicht zu wahren, mitmachen müssen ..."

(Engel Arator / Stein: Pyrophyllit / Band 1)

Durchhaltevermögen

Engel **Peresch** – Engel der Zähigkeit

„Ich bin der Engel der übergeordneten Perspektiven und Vorgänge. Mein Blick übersieht nichts! Wenn du mit mir in Verbindung trittst, verknüpfst du dich mit meiner Ausdauer und Hingabe für alle deine folgenden Aufgaben. Auch wenn du keine Lust oder Kraft verspürst, diese momentanen Arbeiten zu bewältigen, so werde ich deine Zähigkeit und das Wissen um die Wichtigkeit der Dinge fördern sowie dein Durchhaltevermögen, um alles zu erreichen!"

(Engel Peresch / Stein: Iolith / Band 1)

Engel **Emahiesa** – Engel der Selbsterhaltung

„Mit mir wirst du dich behaupten und alle Schwierigkeiten meistern! Ich helfe dir, den Mut nicht zu verlieren und Eindrücke besser zu verarbeiten. Mit Ausdauer und Geduld versehe ich dich, um alles Notwendige mit Bravour zu bestehen. Mit mir kommen Durchhaltevermögen, Durchsetzungskraft und ein Stück mehr Selbstbehauptung, die dir weiterhelfen. Konzentriere dich nur auf das Wesentliche, denn nur das ist letztendlich wichtig."

(Engel Emahiesa / Stein: Sardonyx / Band 1)

Engel **Eleniah** – Engel der Begeisterung

„Nimm dein Leben in die Hand, und ich erfülle dich mit der erforderlichen Zähigkeit, dem nötigen Durchhaltevermögen, und vor allem mit der Freude, mit der sich alles bewerkstelligen lässt. Arbeiten mit guter Laune bewirkt, dass ihr mit Leib und Seele dabei seid. Die Zeit der Arbeit wird schneller vergehen, doch der Erfolg der Werke wird sich mit Gewissheit einstellen."

(Engel Eleniah / Stein: Iolith-Sonnenstein / Band 2)

Durchsetzungsvermögen

Engel **Miguel** – Engel der Beharrlichkeit

„Stelle dein Licht nicht unter den Scheffel, poche auf deine Meinung und verkünde dein Wort! Mit meiner Ausdauer erreichst du deine Ziele. Viele unter euch trauen sich nicht, obwohl ihre Worte und Nachrichten weitaus gewichtiger wären als die der anderen. An den Stillen unter euch kannst du die Weisheit erkennen, an den Vorlauten die Dummheit. Ich drehe den Spieß um und führe alles zu einem guten Ende."

(Engel Miguel / Stein: Baumachat / Band 1)

Engel **Damabajah** – Engel der göttlichen Weisheit

„Mein Ziel ist dein Schutz, deine Ausgeglichenheit und deine tiefe innere Zufriedenheit. Wenn du nicht lernst, aus dir herauszugehen und dich durchzusetzen, so wirst du niemals zum Erfolg gelangen! Ich stehe denen unter euch bei, die sich fürchten, etwas zu verändern … meist sind sie es, die wirklich wissen, was es zu verändern gilt."

(Engel Damabajah / Stein: Onyx / Band 1)

E

Ehe

Engel **Emkebpe** – Engel der Treue

„Rufe mich, wenn du einem Menschen ewige Treue schwören möchtest. Ich werde dich und auch ihn durchleuchten, wie tief eure Liebe wirklich ist. Denn kein Band der Gefühle und Ehe wird bis zu eurem Lebensende halten, wenn ihr beide euch nicht so annehmt, wie ihr seid. Ich zeige dir auf, wie der Partner werden könnte, wenn er sich verändert, wie es oftmals der Fall unter euch Menschen ist. Liebst du ihn dann immer noch, so seid ihr füreinander bestimmt."

(Engel Emkebpe / Stein: Ruinen-Marmor / Band 1)

Lichtengel **Astriel** – Engel der Liebe

„Die eingegangene Ehe und der in unserem Beisein geleistete Schwur der Treue hüllen euch ein in das Licht Gottes. Er hält zusammen, was

zusammengehört. Ich, Astriel, schütze euch vor Fremdeinflüssen und auch den Sorgen, die euren Alltag trüben. Eure Liebe wird in meinem Beisein aufblühen und strahlen wie die Blumen in der Ewigkeit."
(Lichtengel Astriel / Stein: Turmalin blau / Band 1)

Einsamkeit

Engel **Cassiel** – Engel der Einsamkeit
„Wenn in dir die Tränen aufsteigen aufgrund von Erinnerungen an die Vergangenheit, Gedanken an liebe Menschen oder ehemalige Gefühle und Zärtlichkeiten … so schmiege dich an mich. Ich hülle dich in meine Liebe, nehme dir die Angst, das Heimweh und die Einsamkeit und werde solange bei dir sein, bis du das Licht in allem wieder siehst."
(Engel Cassiel / Stein: Zitronenchrysopras / Band 1)

Engel **Zerosiel** – Engel der Melancholie
„Bei Traurigkeit, Mutlosigkeit und Kummer bin ich zur Stelle. Meine Klarheit zeigt dir, dass es keinen wirklichen Grund für diese Melancholie gibt. Du willst immer so sein, wie andere um dich herum, doch diese Wunschgedanken werden nie Realität werden. Löse dich von diesen Fesseln … und sei nicht länger ein Gefangener deiner selbst."
(Engel Zerosiel / Stein: Opal schwarz / Band 1)

Engel **Raaschiel** – Engel der Hoffnungslosigkeit
„Streit oder Verlust einer Sicherheit, egal ob einer Partnerschaft oder Arbeitsstelle, brausen über dich hinweg wie ein Sturm und erfüllen dich mit Kummer und Hoffnungslosigkeit. Gib niemals auf, sondern kämpfe für dein Leben weiter. Ich, Raaschiel, glätte die Wogen und werde immer bei dir sein."
(Engel Raaschiel / Stein: Silberschein-Obsidian / Band 1)

Einsicht

Engel **Baruchim** – Engel der Einsicht

„Fehler sind normal, Fehler macht jeder. Fehler können erkannt, korrigiert und vermieden werden. Doch vor allem: Fehler sind subjektiv! Dich zu dieser Erkenntnis zu führen, ist meine Aufgabe. Der schwerste Teil meiner Arbeit ist der, dich aufzurütteln, um dir deine Umwege und Fehlentscheidungen zeigen zu können und auch, dass nicht nur immer die anderen die Schuldigen sind!"

(Engel Baruchim / Stein: Chalkopyrit-Nephrit / Band 2)

Engel **Pasiel** – Engel der Verbesserung

„Dein Fundament ist wackelig, wenn du immer etwas Neues beginnst oder ständig umkehrst! Jeder begangene Weg, der einen Fehler oder eine Fehlentscheidung beinhaltet, muss erkannt und geändert werden. Jedes angefangene Werk sollte langsam die Wendung zum eigentlichen Weg wieder zurückfinden, um zur Vollendung zu kommen. Rufe mich, und alle meine Kräfte stehen dir bei und erfüllen dich mit Licht, Liebe, Sicherheit, Stabilität und dem Kampfgeist, dein Ziel des Lebens zu erreichen!"

(Engel Pasiel / Stein: Karneol / Band 2)

Elementarwelten

Engel **Gagolchon** – Engel der Verknüpfungen

„Ich bin der Engel für dich auf deiner Erde, der dich die Natur betrachten lässt, damit du sie siehst, erkennst und wahrnimmst. Egal, zu welcher Jahreszeit, du wirst stets die lichtvollen Ebenen der Elementarwelten erblicken. Du wirst dich an ihnen reinigen und stärken sowie die spirituelle Kraft für dich nutzen können. Sie ist das Licht Gottes, das immer in vier Farben über dir scheinen wird."

(Engel Gagolchon / Stein: Ophicalcit / Band 3)

Emotionen

Engel **Cael** – Schutzengel der Emotionen

„Mein Auftrag an euch Menschen ist es, eure innere Welt stabil zu halten. Denn diese ist durch negative Kräfte leicht angreifbar. Ich bin im rechten Moment anwesend und baue eine Mauer um dich herum, durch die hindurch dich keine Anfeindungen mehr ins Wanken bringen können."

(Engel Cael / Stein: Lava / Band 2)

Engel **Mikael** – Engel der Intuition

„Vorahnungen und feine Wahrnehmung sind der Schutzschild vor der dunklen Macht. Weißt du im Voraus, was passiert, kannst du Situationen anders und richtig einschätzen. Damit bist du allen anderen immer einen Schritt voraus. Ich bin dein Lehrer und Hüter für dein Handeln und Tun. Vertraue mir, du stehst unter meinem Schutz, und ich werde dich hüten vor allen Angriffen und Wechselschwingungen."

(Engel Mikael / Stein: Verdit / Band 2)

Energie

Engel **Lamachael** – Engel für Kraft und Stärke

„Ich mobilisiere in dir schnell die reine, göttliche Energie! Verlass dich auf mich, in Notsituationen bin ich sofort zur Stelle, und deine Müdigkeit verfliegt im Nu!"

(Engel Lamachael / Stein: Eisenkiesel / Band 1)

Engel **Doradoel** – Engel der Energie

„Richtig mit der dir gegebenen Energie umzugehen, ist eine Kunst, die gelernt sein will. Ich bin gerne bei dir und helfe dir bei der Einteilung deiner Kräfte. Ich lehre dich, sie zu hüten und nicht verschwenderisch mit ihnen umzugehen."

(Engel Doradoel / Stein: Sternkorund / Band 1)

Engel **Emtzel** – Engel der Unterstützung

„Jeder hat Kraftreserven, von denen er meist nichts weiß. Ich kenne sie und wecke sie in dir! Du brauchst keine Hilfsmittel wie Koffein, welche deine kleine Seele angreifen, oder sonstige Unterstützungen, die bei euch großen Anklang finden. Ohne all das kommst du aus und entdeckst mit mir, was in dir steckt!"

(Engel Emtzel / Stein: Mahagoni-Obsidian / Band 2)

Engel **Faith** – Engel der weiblichen Energien

„Gehe aus dir heraus! Du schaffst mit mir alles, egal, was du dir vornimmst! Ich erfülle dich mit Motivation und Fröhlichkeit und gleiche die sensiblen Energien in jedem von euch aus. Dein Leben liegt vor dir ... erhebe dich und lebe es!"

(Engel Faith / Stein: Albit / Band 2)

Engel **Nasi** – Engel der Einteilung

„Ich bin der Hüter deiner Kraft von Körper und Seele und vermittle dir das Urwissen deiner Erhaltung und die Betrachtung deiner Nahrung. Ich hüte deine Kraft, teile deine Energie ein und fördere das Verständnis für dich selbst. Zudem unterstütze ich dich dabei, dich mehr zu bewegen, denn dein Körper benötigt nicht nur die Speisen auf der Erde, sondern auch die Bewegung!"

(Engel Nasi / Stein: Granat Pyrop / Band 1)

Engel **Milkiel** – Engel des Erwachens

„Erwache! Und fühle die Liebe Gottes, die dich durch mich umfängt! Ich bin der Beginn, die Kraft des Frühlings. Nur durch mich fangen Blumen an zu sprießen, Engerlinge zu leben und Schmetterlinge zu fliegen. So wie auch die Bäume erwecke ich dich zu neuem Leben ...

Müdigkeit und Trägheit sind vorbei, jetzt kommt die Zeit der Kräfte! Lege deine Hand in die meine, und ich helfe dir auf."
(Engel Milkiel / Stein: Variscit / Band 2)

Entgiftung

Engel **Tahariel** – Engel der Einsicht
„Die Reinheit von Körper, Seele und Gedanken ist die Grundlage für ein Leben in Gesundheit und Freude. Stellst du dich in mein Licht, dann führe ich dich an das Tor der Erkenntnis und bin deine Hilfestellung auf diesem Weg! Am Ende steht ein anderer Mensch vor mir, mit neuen Wertvorstellungen, Einstellungen zum Leben, und zur Liebe und mit einer klaren Struktur für sich und seinen Körper."
(Engel Tahariel / Stein: Schwefel roh / Band 1)

Engel **Hahadu** – Engel der Entgiftung
„Ich bin verantwortlich für die Entschlackung aller Organe und Gewebe. Absonderungen und Gifte sammeln sich überall an, insbesondere bedingt von schlechter Ernährung. Lass mich bei dir anwesend sein, und die Zufriedenheit und Freude am eigenen Körper sind das Ergebnis meiner Arbeit."
(Engel Hahadu / Stein: Prehnit gelb / Band 1)

Erde

Engel **Ilju** – Engel der Erdsprache
„Auf deiner Erde gibt es viele Sprachen und Wege der Kommunikation. Auf deiner Erde treffen sich die meisten Lichtwesengruppierungen der verschiedenen Welten, Ebenen und auch Unterwelten. Du magst vielleicht die menschliche Sprache verstehen und vielleicht noch die Sprache

der Pflanzen und Tiere ... Doch kennst du die Sprache der Erde? Sie ist das Leben, sie ist die Liebe, sie ist das Gefühl, sie ist die Wirklichkeit. Jeder ihrer Atemzüge birgt den neuen Zyklus des Tages und des Lebens in sich. Deine Erde ist die lieblichste Göttin, die es gibt. Lerne mit mir, auch ihre Worte zu verstehen und nicht nur die euren."
(Engel Ilju / Stein: Hermanover Kugel / Band 3)

Engel **Chiloel** – Engel der Erdgemeinschaft

„Nichts liegt mir näher, als alle Lebensformen auf der Erde zusammenzubringen und zusammenzuhalten. Ihr befindet euch nicht nur unter Menschen, sondern unter vielen anderen Lichtwesen: ob Tier, Pflanze, Naturwesen oder Erdengel ... wir sind eine große Gemeinschaft auf dieser Erde! Mit allen Vor- und Nachteilen. Wenn wir uns alle zusammen die Hände reichen, sind wir stärker als die Finsternis, die sich furchtlos ringsumher ausbreitet. Lasst uns zusammenhalten, um diese Verbundenheit und Stärke an alle anderen weiterzugeben, die sich hiervon noch ausgeschlossen fühlen!"
(Engel Chiloel / Stein: Kopal / Band 3)

Engel **Lubuyil** – Engel des Erdwissens

„Ich bin der Wächter und Lehrer der Weisheiten, die von deiner Göttin kommen. Egal, in welchem Bereich ... ich, Lubuyil, achte sorgsam darauf, dass diese Erfahrungen, die sie mit sich trägt, nur den Auserwählten kundgetan wird! Denn dieses Wissen ist sehr alt und beinhaltet die verschiedenen Entwicklungen eines jeden Lichtwesens! Nur wenn du ein Führer bist, werde ich dich mit mir nehmen und dich in alle Geheimnisse einführen, die deine Göttin mit allen anderen Göttern und Welten verbindet."
(Engel Lubuyil / Stein: Turmalin Bürgerit / Band 3)

Engel **Kathim** – Engel der Erdriten

„Auch deine Göttin freut sich über Rituale, die ihr Menschen auf ihr verrichtet. Zur Reinigung, zur Heilung, zur Führung und zur Anrufung der Götter anderer Welten. Sie schenkt euch die Früchte für eure Erhaltung. Gebt ihr das in Form eurer Liebe zu anderen Lichtwesen wieder zurück! Ich, Engel Kathim, werde euch in die Rituale einweisen, über die sich eure Göttin am meisten freut! Sie dankt es euch mit ihrer Gnade und Verbundenheit, mit ihrer Liebe und ihrem Schutz, die ihr wiederum braucht, um hier zu existieren und eurem göttlichen Auftrag Folge leisten zu können."

(Engel Kathim / Stein: Honig-Opal / Band 3)

Lichtengel **Ismaiel** – Zukunftsengel der Erdheilung

„Ich bin dein Lehrer für die Heilung der Erde, die Begleitung der Lichtwesen und die Wandlung von Dunkelheit in Licht. Du wirst mit mir die Gesetze der Elemente beherrschen und jedes Wesen mit den feinstofflichen Kräften der Natur reinigen, damit dieses wieder von innen heraus strahlen kann. Wenn dir ein Leben in Stille und Einsamkeit ohne jegliche Menschen das Liebste wäre, wenn du mit mir Orte und Plätze deiner Welt aufsuchen willst, um diese von der Dunkelheit der Gegenseite zu befreien und zu reinigen, so erhebe dich und rufe meinen Namen. Du wirst ab sofort das Licht und die Kraft und die Reinigung der Göttin sein. Du wirst ab nun durch mich den Namen ‚Erdenengel' tragen."

(Lichtengel Ismaiel / Stein: Priceit / Band 3)

Erdung

Engel **Vohumana** – Engel der fröhlichen Erdung

„Ich, Vohumana, schenke dir fröhliche und aufbauende Gedankenkräfte. Mit mir wirst du niemals deinen Halt auf dieser Erde verlieren, egal wie weit du auf die Reise gehen möchtest. Geistige Wanderungen

sind das Lebenselixier einer jeden Seele, doch nur, wenn diese den Weg nach Hause für sich immer wieder erkennt."
(Engel Vohumana / Stein: Bernstein / Band 2)

Engel **Yromus** – Engel der Besinnung

„Ich bin ein Engel der Besinnung, Lichtkraft, Heilung und die Verbindung zu deiner Erde. Meine Anwesenheit schenkt dir die Weisheit der Ruhe und Einkehr, um jeder Situation standzuhalten. Mit Besinnung und dem Ziel vor Augen wirst du deine Reise mit anderen Engeln unternehmen können, um Geist und Seele zu erfrischen und einzutauchen in die Welt außerhalb der deinen."
(Engel Yromus / Stein: Schlangenjaspis / Band 2)

Engel **Morael** – Engel der Sicherheit

„Wenn du fliegen möchtest, jedoch den sicheren Halt hierfür auf der Erde benötigst, so rufe mich. Meine tiefe Verwurzelung mit unserer Göttin wird dich immer wieder sicher und wohlbehütet nach Hause bringen. Nichts wird mir in die Quere kommen, nichts wird dich auf diesen Reisen vom Weg abbringen. Mein höchstes Ziel ist die Sicherheit, dass dir bei diesen Unternehmungen mit uns Engeln nichts geschieht."
(Engel Morael / Stein: Peanut Wood / Band 2)

Engel **Foruna** – Engel für Halt und weiten Reisen

„Ich bin die Verbindung der Erd- und Luftkräfte, die du auf deinen Reisen benötigst. Ich werde um dich sein und dich auf meinen Schwingen tragen…bis hinauf ins Universum. Meine Erdung ist stark und wird dich niemals vergessen lassen, wo deine Heimat ist. Denn sie ist dein Zuhause und wird es bleiben, solange du hier lebst."
(Engel Foruna / Stein: Bernstein blau / Band 2)

Engel **Domaliel** – Engel der tiefen Verbundenheit

„Meine Magie ist die tiefe Ruhe und Verbundenheit mit deiner Mutter Erde. Ich zentriere die Kräfte der Stille und Ruhe in dir, in mir und um uns herum. Sind wir eins geworden, so lass uns gemeinsam aufsteigen, aus deinem Körper, aus deiner Aura, aus deinem höheren Selbst. Immer weiter und weiter, so dass wir auf die Reisen gehen können, die du dir wünschst."

(Engel Domaliel / Stein: Palmholz / Band 2)

Erfolg

Engel **Nablum** – Engel des beruflichen Erfolges

„Ich beflügele deine Gedanken und versorge dich mit Informationen über deine Arbeit, von denen du nie dachtest, sie zu bekommen. Es wird dir an nichts fehlen, weder an Weisheit noch an Wissen im Vordergrund oder hinter den Kulissen deiner Arbeit. Das Lob deiner Vorgesetzten wird sich schnell einstellen."

(Engel Nablum / Stein: Strontianit / Band 1)

Engel **Anauel** – Engel der Geschäftsleute

„Dein Glück, dein Geschäft und dein Gewinn liegen in meiner Hand. Ich bin dein Schutz für alle Unternehmungen und Entscheidungen. Ich dulde keine Angriffe, Anfeindungen oder Intrigen und stehe immer hinter dir, bis deine Werke stabilisiert sind. Ich verfolge jede deiner Handlungen und werde dich umgehend vor Verlust, Betrug, falschen Kollegen oder Kunden sowie vor unkorrekten Verträgen warnen."

(Engel Anauel / Stein: Turmalin violett / Band 1)

Engel **Siria** – Engel der Reihenfolge

„Du beginnst ein Werk und erhoffst dir in kürzester Zeit davon Ruhm und Erfolg. Doch beide werden länger auf sich warten lassen. Gib mir die

Möglichkeit, bei dir zu sein, und ich werde dir die Ehre, den Wohlstand und das Glück zukommen lassen, die dir zustehen."
(Engel Siria / Stein: Wavellit / Band 1)

Engel **Cochaly** – Engel der Gewinner im Sport
„Mit mir wirst du jeden Wettkampf gewinnen, jede sportliche Herausforderung meistern. Ich komme zu denen, die sich selbst beweisen wollen, wie gut sie sind. Ich fördere den Willen und Ehrgeiz, Ziele noch ein Stück höher anzusetzen als du selbst glaubst, sie zu erreichen. Ich stärke deine Knochen und Muskeln und lasse dich zur Höchstform auflaufen."
(Engel Cochaly / Stein: Dolomit braun / Band 1)

Engel **Haamiah** – Engel der Festigung
„Ziele zu erreichen ist schwer, doch das Erreichte zu bewahren ist noch schwieriger. Meine Energie leuchtet dir, damit du diesen Moment genießen und in Ruhe pausieren kannst. Der Zeitpunkt eines Erfolges muss genossen werden, nur so kannst du ihn dir für immer erhalten. Zufriedenheit, Glückseligkeit und Wunscherfüllung sind meine Basis, mit mir bleibt bestehen, was dir gehört."
(Engel Haamiah / Stein: Sonnenstein / Band 1)

Engel **Tybolyr** – Engel der Tat
„Warum lässt du Ideen reifen, um sie dann wieder zu verwerfen? Sie sind die Grundlage jeder Veränderung! Durch meine Anwesenheit werden diese Gedanken manifestiert und umgesetzt. Es sind deine Einfälle, deine Arbeit, dein Erfolg, die dir von uns Engeln gegeben werden, denn wir haben dich für ihre Verwirklichung auserwählt."
(Engel Tybolyr / Stein: Calcit grün / Band 1)

Erleuchtung

Engel **Eiaiel** – Engel der Erleuchtung

„Du bist spirituell schon einen sehr schweren und langen Weg gegangen. Gott, der Allmächtige, sendet mich, damit ich dich führen möge in die Vollkommenheit des Lichts. Begleite mich durch die Tore der Ebenen. Ich führe dich abermals in jeden Bereich, den du gelernt und bestanden hast. Ich zeige dies dir, damit du reflektierst, was du dir bereits alles angeeignet und verinnerlicht hast. Ich darf dir das Lob Gottes übermitteln und dich mit dem Licht der Sonne erleuchten, dass aller Druck von dir weichen möge, der dir auf diesen langen Wegen ein Begleiter war. Ich werde dir als Geschenk für deine Mühe das grüne Feuer der Erde überreichen, es wird dir deinen zukünftigen Weg leuchten und immer an deiner Seite sein."

(Engel Eiaiel / Stein: Heliodor grün / Band 3)

Engel **Ardifiel** – Engel der Wiedergeburt

„Ich, Engel Ardifiel, umfange dich mit meinem feinen Nebel. Ich halte dich darin, denn Gott selbst wird nun zu dir sprechen … lausche seinen Worten, denn diese sind für dich ganz alleine bestimmt …"

(Engel Ardifiel / Stein: Milchopal / Band 3)

Großfürst **Guriel** – Engel der fließenden Veränderung

„Willkommen in unserer Mitte, wunderbare Seele! Ich bin Guriel und deine Verbindung zu allen Göttern. Ich bin für dich ab nun die fließende Veränderung und die Verbindung auf der Erde in Einklang mit allem. Ich verleihe dir, wie allen anderen wiedergeborenen Seelen, die Betrachtung des göttlichen inneren Kerns, der in allem ruht. Ich bin ab nun selbst sein Kanal für das vollständige Wissen, egal, in welchem Bereich. Denn ich bin Guriel, Großfürst der göttlichen Weisheit und werde immer in deiner Nähe sein."

(Großfürst Guriel/ Stein: Elestial-Kristall / Band 3)

Engel **Tutiel** – Engel der Eingebung

„Ich werde einer deiner neuen Lehrer sein, damit du deinen Weg als neuer Engel auf der Erde beschreiten kannst. Meine Aufgabe ist das Wissen von allem, das ich an dich weiterleiten werde. Nimm meine Weisheit an, denn diese wird es dir erleichtern, auf der Erde alles zu erreichen, was du dir als Ziel gesetzt hast. Ich, Tutiel, werde ich dich auf den weiteren Pfaden stärken und erfüllen mit dem Licht unseres Vaters, des Allmächtigen! Auch wenn dir unsere Wege und Prüfungen schwerer erscheinen als du sie dir zutraust, so sind wir alten Engel doch die besten Ausbilder und Lehrer, die du haben kannst, um das Ziel der Bestimmung deiner Seele zu erreichen."

(Engel Tutiel / Stein: Zinnober-Opal / Band 3)

Ernährung

Engel **Torlet** – Engel der maßvollen Ernährung

„Ich bin die Stärke und deine Vitalität und sorge für den gesunden Ausgleich. Höre auf meine Worte, deine Gesundheit wird es mir danken. Ich bin dein Engel der Ernährung, Erhaltung und des Verstehens deines eigenen Körpers. Mit mir wirst du ein Mittelmaß in allem finden, die richtige Nahrung auswählen und die ausreichende Menge davon zu dir nehmen."

(Engel Torlet / Stein: Chalcedon rot / Band 1)

Engel **Zurael** – Engel der richtigen Körpererhaltung

„Ich, Zurael, dulde eure Art der Ernährung nicht. Weder den Verzehr von Fleisch, noch den übermäßigen Genuss von veränderten Lebensmitteln. Wirst du meiner Lehre folgen, so werden sich dein Schlaf normalisieren, deine Atmung ruhiger werden, deine Aussprache leiser und deutlicher und dein Auftreten wird voller Anmut sein. Krankheiten entschwinden, Frische wird in deine Haut einkehren, und

du strahlst das Leben aus, das du bist! Dein Körper wird schmal, elegant und geschmeidig sein wie eine Ähre im Wind."
(Engel Zurael / Stein: Fluorit lila / Band 1)

Engel **Isda** – Engel der Nahrungszubereitung
„Die Früchte der Erde, die dich erhalten, sollten mit Liebe verarbeitet werden. Ich zeige dir die Seele deiner Nahrung und lehre dich deren Zubereitung. Mit mir wirst du lernen, jedes einzelne Lebensmittel zu fühlen, zu schmecken und bestmöglich zu verarbeiten. Ich werde neben dir stehen, deine Hand führen und dir jeden Schritt der Zubereitung erklären."
(Engel Isda / Stein: Fluorit gelb / Band 1)

F

Feinmotorik

Engel **Giel** – Engel der Erhaltung
„Bei mir zu sein ist für dich der Balsam des Lebens. Ich halte deinen Köper, deinen Geist und deine Seele auf Trab und in Bewegung. Niemals wirst du einrosten oder deine Geschmeidigkeit verlieren."
(Engel Giel / Stein: Grossularit / Band 1)

Engel **Metosee** – Engel der Feinmotorik
„Fingerfertigkeit, schnellere Bewegung und feinfühlige Wahrnehmung unterliegen meiner Lehre. Die Verknüpfungen von Gehirn und Bewegung kommen mit mir in Schwung, und deine Hände und

Füße werden sich schneller und zielgerichteter bewegen als vorher. Auch behinderten und nervenkranken Menschen stehe ich bei, um ihre Koordination wiederzufinden. Ich freue mich über euren Ruf und komme mit Freude zu jedem von euch."
(Engel Metosee / Stein: Disthen grün / Band 1)

Engel **Yraganon** – Engel des Erfolges

„Ich verleihe dir Beweglichkeit und Geschicklichkeit bei all deinen Tätigkeiten und Aufgaben. Berufliche Erfolge stellen sich somit ein, denn deine Feinmotorik wird immer schneller sein als die der anderen. Bremsen dich Unfälle oder Gelenkschmerzen, so bin ich ebenfalls zur Stelle und verhelfe dir zu einer zügigen Heilung deiner Gliedmaßen, damit du dein Ziel und deine Aufgaben niemals aus den Augen verlieren wirst."
(Engel Yraganon / Stein: Disthen blau/Kyanit / Band 1)

Festigung

Engel **Firul** – Engel der Festigung

„Es ist nicht der Sinn, dein Leben allein zu gestalten. Wozu sind wir Engel hier? Unser Beistand bringt dir in allen Lebenslagen den Erfolg, der dir zusteht. Auch Unmögliches kann durch uns Engel erreicht werden. Wenn du nicht nur ein Ziel, sondern mehrere vor Augen hast, die dir jetzt noch schwer erreichbar zu sein scheinen, dann rufe mich, und ich werde bei dir sein."
(Engel Firul / Stein: Cuprit / Band 1)

Engel **Schaluach** – Engel der eigenen Kraft

„In jeder Lebenslage stehe ich dir bei und stärke deinen Glauben und das Vertrauen zu dir selbst und zu uns Engeln. Der Glaube ist dein stärkster Halt, den du haben kannst. Mit Rat und Tat werde ich bei

dir sein und dir helfen, wo immer ich kann. Schwierigkeiten und unüberwindbare Lebenssituationen wird es für dich nicht mehr geben.“
(Engel Schaluach / Stein: Peridot / Band 1)

Engel **Jehuiah** – Engel der Lösungen
„Ich komme in Freundschaft, um dir in schweren Zeiten Beistand zu leisten. Arbeiten, Aufgaben oder Prüfungen meistern wir gemeinsam, und deine Pläne werden Wirklichkeit. Verliere niemals dein Ziel aus den Augen, sonst verlierst du den Halt und das Fundament unter deinen Füßen. Kraft, Ausdauer und Stärke verleihe ich dir. Mit Ruhe und Besonnenheit finden wir die Lösungen, die direkt zum gewünschten Ergebnis führen werden.“
(Engel Jehuiah / Stein: Glaukophan / Band 1)

Engel **Emkiel** – Engel der Substanz
„Ich bin der Zusammenhalt, den du brauchst, um das Erreichte zu festigen. Viele meiner Brüder stehen dir bei, damit du deine Ziele erreichst, doch niemand kann dir helfen, die Erfolge beizubehalten. Hierfür bin ich da und knüpfe alles mit meinem Licht zusammen, was dir gehört. Geistig, körperlich und materiell gesehen. Es ist ganz alleine deine Entscheidung, ob du meine Hilfe annimmst oder nicht.“
(Engel Emkiel / Stein: Siderit / Band 1)

Engel **Andnachil** – Schutzengel deines Selbst
„Ich beobachte dich und behalte dich in meinem Blickfeld. Meine Anwesenheit hüllt dich in mein Vertrauen, und ich werde auf der Reise zu deinem Selbst über dir wachen und dich beschützen, wo immer ich kann. Ich zeige die auf deinem Weg die Abzweigungen, auf die du treffen wirst, und ich sensibilisiere deine Offenheit in Bezug auf die richtigen Entscheidungen. Ich begleite dich und verhelfe dir dazu, mit allem umzugehen und alles zu bewältigen, was dir bislang nur rätselhaft und unverständlich erschien.“
(Engel Andnachil / Stein: Kreuzstein / Band 2)

Feuer

Engel **Horiesis** – Engel der Feuersprache

„Ich lehre dich die Sprache sowie die Botschaften des Feuers, der Sonne und der Sterne. Ich bin die Stimme, die du züngelnd wahrnehmen kannst, wenn sich das Erdelement opfert, um das Feuerelement aufleben zu lassen. Ich lehre dich unsere Reinigung der Materie, das Verbrennen von Altem und den Beginn von Neuem, der unausweichlich folgen wird. Erlerne durch mich die Sprache der Sonne, der Sterne, des Blitzes und des Donners, die wir Engel aus dieser Materie zu euch Menschen auf die Erde bringen."
(Engel Horiesis / Stein: Gold / Band 3)

Engel **Jabniel** – Engel der Feuerreinigung

„Reinigung der Substanz oder Verschmutzungen von Wanderungen auf der Erde und den ebenen beseitige ich, Engel der Feuerreinigung. Ich bin es, der Altes zum Tod zwingen und daraus Neues entstehen lassen. Ich bin gleichsam die Wiedergeburt, denn nach meiner Reinigung auf der Erde kann sich das neue Leben entfalten und nur das Neue wird es sein, was das Alte überlebt."
(Engel Jabniel / Stein: Arsen / Band 3)

Engel **Djin** – Engel der Feuerriten

„Mit mir wirst du die Energie, die Mächte und die Magie dieser Kräfte spüren, lernen und anwenden. Denn die Zeremonien auf der Erde durch das heilige Feuer Gottes sind ungemein wichtig für den Erhalt allen Lebens. Ich, Djin, lehre dich die Rituale dieses Feuerelementes, um die Erde, auf der du lebst, zu reinigen und zu öffnen, damit alle Lichtwesen hier wieder Einzug halten können, denen das seither durch die Finsternis verwehrt war. Das Feuer ist der einzige Zugang hierher auf diese Erde zu euch Menschen."
(Engel Djin / Stein: Aragonit orange / Band 3)

Engel **Lazai** – Engel der Feuerkraft

„Und ich, Engel Lazai, bin hier, um dich an die Kräfte des Elementes zu erinnern und dich darin, wenn du möchtest, aufzubauen und zu stärken. Wenn du dem Befehl nachkommst, auf der Erde etwas zu verändern, oder wenn du den Wunsch danach verspürst, so rufe mich, und ich werde dir die Kräfte des Feuers zutragen, damit du jeden Kampf auf der Erde im Antlitz Gottes durchstehen und als Sieger aus allem hervorgehen wirst!"

(Engel Lazai / Stein: Mondolith / Band 3)

Freiheit

Engel **Ayil** – Engel der Freiheit

„Zu leben nach dem Wunsch von anderen macht es dir sehr schwer, Freude an allem zu empfinden. Egal, was an dir gemäkelt oder ausgesetzt wird, du versuchst, dies zu ändern, um anderen zu gefallen. Wenn du wirklich dein Leben auf dieser Erde genießen möchtest, dann lebe so, wie du es für richtig hältst und dabei glücklich bist. Auf diesem Weg begleite ich dich gerne, solange, bis du deine Freiheit gefunden und erreicht hast."

(Engel Ayil / Stein: Fluorit braun / Band 2)

Engel **Istaroth** – Engel der Aufrichtigkeit

„Ich zeige dir, in Harmonie dich zu lösen von inneren Zwängen, ohne im Leben alleine zu sein. Deine Lügen über deinen Reichtum und Besitz verkomplizieren dir dein Leben und halten dich vom göttlichen Weg ab. Du beschwindelst dich selbst, mit allem, was du vorgibst zu haben und bringst damit auch Kummer, Tränen und Einsamkeit in das Leben der anderen, die ihren Weg mit dir teilen. Denn Träume lösen sich in Luft auf, und was übrig bleibt, ist nichts anderes als die Leere."

(Engel Istaroth / Stein: Aegirin / Band 2)

Engelfürst **Nisroc** – Engel der Befreiung

„Veränderungen sind neue Gedankengänge! Ich zeige dir die schnellste Lösung ohne Hindernisse und Einengungen! Es ist eine Wohltat und eine Freude, dich aus deinen Zwängen und Gitterstäben zu befreien! Du bist frei wie die Luft, stark wie das Feuer, fruchtbar wie die Erde und reinigend wie der Regen!"

(Engelfürst Nisroc / Stein: Granat Andradit / Band 2)

Freundschaft

Engel **Argelo** – Engel der Freundschaften

„Ich sortiere für dich aus, wer für dich ein echter Freund ist und wer nicht. Nur manche sollten den Zugang zu deiner Seele erhalten, deine Stütze sein und der Fels in der Brandung deines Lebens. Ich helfe dir dabei, deine bestehenden Freundschaften zu durchleuchten und entsprechend auszusortieren. Viele nennen sich ‚dein Freund', in Wahrheit jedoch gebrauchen sie dich nur für ihre eigenen Ziele. Wirkliche Freunde sind rar! Du wirst in deinem Leben vielen Menschen begegnen, doch nur die wahren Freunde hinterlassen Spuren in deinem Herzen ..."

(Engel Argelo / Stein: Wassermelone-Turmalin / Band 1)

Friede

Engel **Pomelion** – Engel des Friedens

„Ich darf dich als Begleitengel des Friedens, an diesem Punkt der Entwicklung aufsuchen. Mein göttlicher Lichtmantel schützt dich vor Anfeindungen, Aggressionen und spendet dir Geborgenheit. Nur mit tiefer innerer Ruhe wirst du im Leben weiter-

kommen. Mein Name heißt übersetzt: ‚Die Feder des Friedens'. Und diesen bringe ich dir auf meinen Schwingen der göttlichen Liebe."
(Engel Pomelion / Stein: Achat weiß / Band 2)

Lichtengel **Cornelion** – Engel der Harmonie
„Ich spüre deine Unruhe, Unsicherheit, Zerrissenheit und Angriffslust. Damit gerätst du in eine Sackgasse. Vertraue dich meiner Führung ins Licht der Harmonie an. Wenn du die Göttlichkeit in dir einmal gespürt hast, willst du sie verinnerlichen. Innerer Friede ist ein Geschenk und lenkt alle deine Entscheidungen in die richtige Richtung."
(Lichtengel Cornelion / Stein: Lavendeljade / Band 2)

Fruchtbarkeit

Engelfürstin **Danael** – Engel der Fruchtbarkeit
„Das wundervollste Geschenk, das dir hier auf der Erde zuteilwerden kann, ist die Geburt eines Kindes. Die Zeugung einer Frucht, erschaffen durch deine Gene, liegt in meiner Hand. Ich bin die Engelfürstin und Führerin des neuen Lebens. Meine Anwesenheit unter euch ermöglicht die Gnade des größten Wunders, der Zeugung und Verschmelzung, die neues Leben hervorbringt."
(Engelfürstin Danael / Stein: Rubin-Zoisit / Band 1)

Großfürst **Zuriel** – Engel der kosmischen Harmonie
„Ich hüte deine Ideenfülle, Fruchtbarkeit und die innere Liebe zu dir selbst. Der Akt der Zeugung ist ein sehr großer Moment und sollte ausgekostet und bewusst mit Fantasie und Inspiration unterstützt werden, denn nur so kann er vollends genossen werden. Es ist mein Ziel, das dies mit Freude geschieht!"
(Großfürst Zuriel / Stein: Chrysopras / Band 1)

Führung

Engel **Granona** – Engel der Führung

„Ich bin Engel Granona, deine Verbindung zu allen Engeln, zu Geistwesen und zu anderen Dimensionen. Durch mich öffnest du deine Ohren, um uns zu hören, deine Augen, um uns zu sehen. Meine Liebe breitet sich über dir aus und mein Schutz und meine Weisheit werden dir zuteil. Reiche mir deine Hand, und ich bringe dich an alle Ufer und zu jedem Platz, an dem ein weiterer Engel deiner Entwicklung bereits auf dich wartet."

(Engel Granona / Stein: Serafinit/Klinochlor / Band 2)

Engel **Jahoel** – Engel der Suche nach dem Sinn des Lebens

„Meine Aufgabe an euch Menschen ist die Führung auf und Erinnerung an den richtigen Weg. Mein Licht leuchtet jedem von euch auf dieser Erde, damit ihr eurer Lebensaufgabe nachkommen könnt."

(Engel Jahoel / Stein: Andalusit / Band 2)

Großfürst **Razariel** – Engel der göttlichen Entscheidung

„Meine Kräfte liegen in der Entscheidung der höchsten Mysterien. Ich bin das Wissen Gottes, das du als Mensch erlangen und erfahren kannst. Ich bin der Hüter der hohen und heiligen Priesterinnen, die zur Erde niedergehen, um dort die Werke zu vollbringen, im Namen des hohen Gerichts. Ich bin Richter und entscheide, wie sich dein Körper auf der Erde entwickelt, damit du deinen Weg der Lehre und Führung gehen kannst. Ich bin der Fürst der Elementarwelt Erde, der dich täglich an die Göttlichkeit erinnert, die du in dir trägst. Ich alleine bin dafür zuständig, welche Fähigkeiten du erlangst, um mit anderen Ebenen außerhalb der unseren sowie mit weiteren Lichtwesengruppierungen kommunizieren zu können. Ich bin es, der dir durch die himmlischen

Heerscharen die Weisheit Gottes zuteilwerden lässt, und ich entscheide, wieviel Wissen du über uns und über die Heiligkeit erfahren wirst. Bist du ein Auserwählter, so wirst du es sein, der dies später an andere Menschen weitergeben und sie darin unterrichten darfst."
(Großfürst Razariel / Stein: Saphir weiß / Band 3)

Großfürst **Shamriel** – Engel der göttlichen Führung

„Mein Dasein hier als Fürst der Elementarwelten symbolisiert den göttlichen Willen. Auch ich bin Hüter der heiligen und hohen Priesterinnen, doch nicht ihres Wissens der Aufgaben, sondern ihrer Stärke, ihres Mutes und ihres Willens. Meine Bestimmung ist es, das Feuer der Kräfte zu wahren, damit alle Aufgaben auf der Erde erfüllt werden können. Ich, Shamriel, bin es, der die Geschicke deiner Seele in den Händen hält, dass diese sich entwickelt und die richtigen Pfade einschlägt. Ich bin es, der dir die Engel zukommen lässt, und ich entscheide persönlich über deinen Werdegang, welchen göttlichen Auftrag deine Seele auf der Erde erfüllen soll, in die Richtung der Engel, von denen du dereinst einer sein wirst."
(Großfürst Shamriel / Stein: Saphir orange / Band 3)

Lichtengel **Mizariel** – Zukunftsengel der Führung

„Wenn du dich für die Führung von Menschen entscheidest, so werde ich dich immer mit meinem Licht auf diesen Wegen begleiten und dir stets ganz nah sein. Unaufgefordert helfe ich dir bei den kommenden Weggabelungen und Entscheidungen, wohin du deinen Schützling auf der Erde führen sollst. Ich werde wie ein Kompass für dich sein, mit dem du niemals von diesem Weg abkommen wirst. Es ist ein göttlicher und weiser Auftrag, und du wirst ein Vorbild für die dir Nachfolgenden sein."
(Lichtengel Mizariel / Stein: Staurolith / Band 3)

G

Gebetengel

Engel **Daniel** – Gebetengel der Ebene

„Wir Gebetengel läuten den Tag ein, wenn die Tautropfen, die die nächtliche Schönheit widerspiegeln, noch auf der Erde glitzern. Alle Engel der Ebenen versammeln sich hier, um mit Gebeten die Energie der Göttin, deiner Mutter Erde, zu reinigen, von Lichtwesen, die ihr Unwesen auf ihr treiben. Wir neutralisieren alle Gedanken, Bewegungen und Schwingungen, die auf ihr ruhen."

(Engel Daniel / Stein: Sandstein / Band 3)

Engel **Arbatel** – Gebetengel Gottes

„Ich bin Arbatel, Engel der göttlichen Gebete auf der Erde. Ich spreche diese euch vor, ich bringe euch jedes Wort und jeden Sinn darin näher. Die Gebete von euch Menschen zu unserem Vater werden euch zu Stabilität und Selbstzufriedenheit verhelfen. Gebete sind die irdische Entwicklung des Geistes und somit die immerwährende Verbindung zu Gott selbst. Denn er, unser Vater, spricht durch uns Engel und verkündet durch uns seine Botschaften, die wir dir weitergeben. Rufe mich, wenn ich auch dir diese Gebete beibringen darf!"

(Engel Arbatel / Stein: Platin / Band 3)

Engel **Aquariel** – Gebetengel der Erde

„Die Gebete Gottes sind verschieden aufgeteilt und die meinen, die ich in mir trage und verkünde, fördern das kosmische Verständnis und die Wahrnehmung aller Lichtwesen auf dieser Erde. Ihr lebt nicht alleine, ihr Menschen habt auch nicht das Recht, euch über andere Lebensformen zu erheben. Vertraue dich meiner Führung der Gebete an, die ich dir nahe bringen darf. Denn ich bin letztendlich die Führung in die Mitte der Engel, die auf der Erde und in den Ebenen wirken. Es sind unsere Gebete, die mit ihren Klängen und Farben alle Engel untereinander und mit der Göttlichkeit verbinden."

(Engel Aquariel / Stein: Benitoit / Band 3)

Engel **Ledidiel** – Engel der rituellen Gebete

„Gebete sind auch die Substanzen der Riten, die immer mit eingebunden werden sollten. Sie versinnbildlichen die Kraft der Magie, die ein Ritual erst das bewirken lässt, was die Weisheit Gottes auf Erden mit allem verbindet. Darf ich mit meiner Lehre der Gebete an deiner Seite stehen, so wirst du bald die Erde sehen und fühlen, so, wie wir Engel sie erleben. Denn wir Gebetengel sind der erste Schritt, der die Macht und die Kraft in die lichtvollen Welten öffnet."

(Engel Ledidiel / Stein: Henmilit / Band 3)

Geburt

Engel **Kadmiel** – Engel des neuen Lebens

„Es ist so weit, die Geburt steht bevor. Dein Kind im Leib will geboren werden. Das neue Leben will erwachen und auf Erden wohnen. Rufe mich, und ich helfe dir durch all die vielen Stunden der Wehenarbeit und des Schmerzes, durch die du auf diesem Weg hindurchgehen musst. Ich wache über dir, dass es dir und auch deinem Ungeborenen gut ergehen möge und halte alle Komplikationen von euch fern."

(Engel Kadmiel / Stein: Biotit / Band 1)

Engel **Helmis** – Schutzengel der Wöchnerinnen

„Jeder Mutter stehe ich bei. Ich fördere die Milchbildung und die Milchströme zur Ernährung und Entwicklung ihres Kindes. Wenn es euer Wunsch ist, so halte ich auch meine Hand über eure Säugetiere, denn unter meiner Obhut beginnt jedes Leben zu gedeihen."

(Engel Helmis / Stein: Chalcedon rosa / Band 1)

Gedankenkraft

Engel **Acolom** – Engel der positiven Gedanken

„Ich leite dich und produziere in dir nur noch gute Gedanken, und alle deine Wünsche und Vorstellungen gehen damit schneller in Erfüllung. Ästhetik, Schönheit und Anziehungskraft kommen dann von ganz alleine, wenn du mit mir gelernt hast, diese Kraft und Macht anzuwenden!"

(Engel Acolom / Stein: Ammolith / Band 2)

Großfürst **Roriel** – Engel des Schicksals

„Konzentriere dich auf deinen Willen und deine Wünsche. Deine Kraft der Gedanken ist größer und machtvoller als du dir das vorstellen kannst. Deine Entscheidungen sind der Anfang und das Ende. Ob im Unterbewusststein oder in deinen bewussten Gedankengängen, es wird alles den Weg nehmen, den du beschließt!"

(Großfürst Roriel / Stein: Zoisit / Band 2)

Geduld

Engel **Evanmel** – Engel der Geduld

„Unruhe wische ich weg, hingegen Ausdauer lehre ich dich. Mit mir wirst du nicht so schnell aufgeben und niemals deine Pläne verwerfen, wenn sie sich schwerer realisieren lassen als vorab gedacht. Denn ich

fördere die Geduld in dir, die uns Engeln nachgesagt wird. Jedes deiner Werke wird zu aller Zufriedenheit ausfallen. In erster Linie zu der deinen."
(Engel Evanmel / Stein: Magnesit / Band 1)

Engel **Bialode** – Engel der Ausdauer
„Wenn ich bei dir sein darf, lösche ich deine geistigen Programmierungen, die weitere vollkommen unnötige Vorstellungen und die bevorstehende Realisierung von komplexen Zukunftsplänen betreffen. Denn keine Arbeit kann in Ruhe ausgeführt werden, wenn deine Gedanken bereits bei den möglichen Problemen der nächsten Werke sind."
(Engel Bialode / Stein: Anthophyllit / Band 1)

Gegenwart

Engel **Sophia** – Engel der Wirklichkeit
„Schnell führe ich dich in die Atmosphäre und zeige dir die Wirklichkeit. Jeder von euch lebt in einer Traumwelt. Öffne deine Augen und erkenne, wer du wirklich bist. Erblicke die Facetten deines Lebens, die du für wichtig erachtest. Fühle die Schwingung, in der du dich befindest. Denn diese Erkenntnis der Wahrheit über dich selbst, über deine Umgebung, deine Arbeit, ob irdisch oder geistig gesehen, ist notwendig, um die Worte anderer Engel verstehen zu können."
(Engel Sophia / Stein: Paraiba-Turmalin grün / Band 3)

Engel **Solaris** – Sonnenengel der Gegenwart
„Lebe im Hier und Jetzt. Sei, wie du bist, und verstelle dich nicht. Masken im Leben sind nicht dauerhaft, sie trüben dir nur die Freude am eigenen Leben. Ob früher oder später, es zeigt sich immer, wer du wirklich bist!"
(Engel Solaris / Stein: Fluorit-Opal / Band 3)

Engel **Ophanniel** – Engel der Erlebnisse

„Ich bin deine Reflexion deiner tausend Aufgaben, die deinen Alltag so wunderbar ausschmücken und bereichern. Ich sortiere mit dir zusammen das aus, was wirklich wichtig ist. Denn von sieben Arbeiten, die du dir vornimmst, kommt nur eine richtig zustande, und diese sollte vollkommen sein.“

(Engel Ophanniel / Stein: Talk / Band 3)

Geld

Engel **Giria** – Engel der Ausgewogenheit

„Geld ist bei euch Mittel zum Zweck, um zu leben oder zu überleben. Ich werde dir das zukommen lassen, was du für den Erhalt deines Lebens benötigst. Jedoch das, was du wirklich in deinem Leben brauchst, sind der Halt, die Liebe und wir Engel … und dies alles kostet kein Geld! Denke darüber nach und sage mir erneut, wiviel du an irdischer Absicherung wirklich brauchst.“

(Engel Giria / Stein: Tigerauge / Band 1)

Engel **Masadu** – Engel der Sparsamkeit und Zufriedenheit

„Du musst nicht unbedingt in materieller Hülle und Fülle leben und alles haben, was du dir wünschst! Geld ist vergleichbar mit Wasser: Es fließt ... entweder wie in einem Bach davon oder es wird gezielt in einen Brunnen geleitet und dort gesammelt, damit dann bei Bedarf genug davon zur Verfügung steht. Ich verhelfe dir zur Sparsamkeit, um das zu hüten, was dir gehört.“

(Engel Masadu /Stein: Jaspis gelb / Band 1)

Engel **Agiel** – Engel der Geschäftsleute und Verhandlungen

„Bleibt dein Haupt in Demut und Liebe deinem Nächsten gegenüber gesenkt, so werde ich es sein, der deinen Besitz und Reichtum vermehrt

und diese für dich hütet. Überkommen dich jedoch Hochmut, Eitelkeit und Arroganz deinen Mitmenschen gegenüber, so wende ich mich von dir ab und nehme alles, was ich dir einst zukommen ließ, wieder fort.“
(Engel Agiel / Stein: Tigerauge rot/ Katzenauge / Band 1)

Engel **Abbetira** – Engel für materiellen Wohlstand
„Was ist dein persönliches ‚Glück'? Durch mich wirst du lernen, einzuschätzen, was du wirklich brauchst oder möchtest. Und haben wir beide einen goldenen Mittelweg zwischen Reichtum und dem Nötigsten gefunden, so werde ich dir helfen, diesen zu erreichen.“
(Engel Abbetira / Stein: Kupfer / Band 1)

Gemeinschaft

Engel **Mihr** – Engel der Gemeinschaft
„Lerne, zu arbeiten und zu wirken in Gemeinschaften. Auch wenn du jetzt die Wichtigkeit davon nicht verstehst und die Dringlichkeit meiner Worte nicht aufnimmst, so führe ich euch doch zusammen und bringe euch zur Kooperation an gemeinsamen Projekten. Zusammenarbeit ist eine Basis, um alles schneller, reibungsloser und mit Freude zu bewältigen.“
(Engel Mihr / Stein: versteinerte Koralle / Band 1)

Engel **Darachin** – Engel der Beobachtungsgabe
„Öffne deinen Intellekt und deinen Verstand. Verschließe dich nicht vor anderen, sondern sieh dir deine Kollegen und Mitmenschen an. Jeder in deiner Umgebung ist wie ein Spiegelbild deines Selbst und lässt dich immer wissen, wo du im Leben stehst. Suche den Kontakt zu anderen und lerne aus ihrem Verhalten, denn nur so bist du in der Lage, ihre Fehler zu erkennen und sie in der Folge selbst nicht zu begehen.“
(Engel Darachin / Stein: Opalith / Band 1)

Engel **Fusradu** – Engel der Gesetze

„Ich bin Hüter von Sympathie und Antipathie. Die Wahl der richtigen Worte, die Sanftheit deines Auftretens und die Bestimmtheit deines Willens müssen ineinander vereinigt werden und aufeinander abgestimmt sein. Nicht du bist es, der von anderen erwarten sollte, dass sie sich ändern, sondern du bist derjenige, der sich auf sie einstellen muss, erst dann werden sich deine Erwartungen erfüllen."

(Engel Fusradu / Stein: Turmalinquarz / Band 2)

Engel **Caraschi** – Engel der Polaritäten

„Meine Stärke ist die Kraft der Verbindung, Reaktion und Energie. Ich bringe alles in den Fluss der Zeit; und diese meine Stärke möchte ich dir vermitteln. Öffne dich für meine Ruhe, und ich übergebe dir die vier Geheimlehren, die ich vertrete. Sie sind die Magie, mit denen du dein Gegenüber in der Hand hast und jede Situation dorthin leiten kannst, wohin du möchtest. Egal, ob in Gesprächen oder den daraus resultierenden Handlungen."

(Engel Caraschi / Stein: Magnetit / Band 2)

Engel **Golemaniah** – Engel der Annahme

„Ich führe dich in das Wissen deiner Mitmenschen. Mit mir wird es dir gelingen, zu fühlen, was andere fühlen und damit zu wissen, wie es ihnen geht und was sie sich wünschen. Das ist ein wichtiges Bindeglied für euch, was das Leben und Arbeiten um ein Vielfaches erleichtert. Wenn jeder solche Fähigkeiten hätte, würdet ihr mehr aufeinander achten, aufeinander zugehen und aufeinander hören."

(Engel Golemaniah / Stein: Prehnit grün / Band 1)

Gerechtigkeit

Engel **Aziel** – Engel der göttlichen Tugenden

„Ich symbolisiere die Gerechtigkeit, die Barmherzigkeit und den Frieden Gottes. Öffne dich für meine Werke und nimm sie in dir auf. Geheime Schätze und das verborgene Wissen um den Frieden befinden sich in meiner Obhut, nur ich bin der Zugang dorthin. Der Friede Gottes ist ein Halt für Haltlose, ein Licht für Einsame und eine Führung auf den Irrwegen jedes Lebens."

(Engel Aziel / Stein: Hemimorphit / Band 2)

Geselligkeit

Engel **Imamiah** – Engel der Unterhaltung

„Mit mir kommt niemals Langeweile auf. Geselligkeit und fröhlicher Austausch finden überall statt, wo ich anwesend bin. Interessante, wissenswerte Neuigkeiten, wichtige Informationen und himmlische Botschaften werden durch mich verkündet, wenn ihr euch in meinem Beisein trefft. Doch nicht nur das: auch bei ernsten Themen bin ich genau der Richtige und führe eure Unterhaltungen in die richtige Richtung."

(Engel Imamiah / Stein: Mückenstein / Band 1)

Engel **Flabison** – Engel der Geselligkeit

„Mit Freude leite ich eure Gespräche und lege dir meine Worte in den Mund. Lustig und fröhlich wird jedes Treffen von euch Menschen sein. Die Kunst der Unterhaltung liegt in meinen Händen, und bei jeder eurer Festlichkeiten bin ich anwesend. Ich liebe eure Zusammenkünfte und bin so gerne in eurer Nähe. Je mehr Menschen beisammen sind, desto heiterer und ausgelassener wird die Atmosphäre, wenn ich mitten unter euch bin."

(Engel Flabison / Stein: Milchquarz / Band 1)

Gesundheit

Engel **Rochel** – Engel der Gesunderhaltung

„Ich stärke dich und helfe dir auf. Wenn du am Boden liegst und keine Kraft mehr hast, dich alleine aufzuraffen, so halte dich an mir fest und finde durch mich wieder in deine innere Mitte. Du wirst sehen, wir beide schaffen mehr als du dir zutraust!"

(Engel Rochel / Stein: Epidot-Unakit / Band 1)

Engel **Tarquam** – Engel des Rückzugs

„Wenn dein Immunsystem wankt oder eine Krankheit dich einholt, so fordere ich dich zum Rückzug auf, um dein Fundament der Gesundheit und Abwehr wieder zu stärken. Denn ist eine Krankheit im Kleinen nicht besiegt, so wird sie dadurch immer stärker."

(Engel Tarquam / Stein: Heliotrop / Band 1)

Engel **Obedomah** – Engel der Gesundheitswissenschaft

„Mit mir an der Seite werden dir dein Leben, deine Ernährung und deine Gesundheit bewusst. Du wirst endlich erkennen, warum sich manche Krankheiten oder Immunschwächen bei dir eingeschlichen haben. Mit mir ist es dir möglich, dagegen anzugehen, sie zu ergründen und zu ändern."

(Engel Obedomah / Stein: Lepidolith / Band 1)

Engel **Hahasiah** – Engel der Gesundung

„Ich bin ein Engel der Medizin und Heilung. Ich kenne jede Faser deines Körpers und weiß, wo es zwickt und zwackt. Wenn du dies für dich nicht deuten kannst, so rufe mich, und ich helfe dir gerne weiter."

(Engel Hahasiah / Stein: Granat Spessartin / Band 1)

Engel **Shekinah** – Engel der Meridiane

„Meridiane sind Verbindungen sowie Verzweigungen deiner Energiezentren und Organe. Sind sie jedoch mit Fettkristallen oder/und Ablagerungen verstopft, so kann weder dein Blut noch die Energie in ihnen fließen. Stockungen und körperliche Beschwerden sind die Folge, und nur ich bin es, der diese beheben kann."

(Engel Shekinah / Stein: Boji™/ Pop-Rocks / Band 1)

Glaube

Lichtengel **Hahahiel** – Engel des Glaubens

„Ich symbolisiere die Kraft der Göttlichkeit. Du hast den Weg zu uns Lichtwesen eingeschlagen und wirst bald diese Entwicklung vollenden. Danach beginnt ein langer und neuer Weg, der immer wieder durchkreuzt wird von anderen Pfaden, die dir schöner erscheinen werden. Ich, Hahahiel, verleihe dir für deine weitere Entwicklung den Glauben an die Göttlichkeit sowie die Kraft, den Willen, die Sicherheit, Ausdauer und die Stärke, den begonnen Weg zu vollenden und niemals aufzugeben!"

(Lichtengel Hahahiel / Stein: Hämatit / Band 3)

Lichtengel **Sermuil** – Zukunftsengel der Weisheit

„Du bist ein Auserwählter, der von uns noch mehr Wissen von der Göttlichkeit erhält, um durch Feindseligkeiten blicken zu können! Du wirst der Begleiter auf der Erde für andere sein, der zwischen Torheit und Unwissenheit immer genau weiß, was zu tun ist, damit die Weisheit Gottes anderere Lichtwesen erreicht. Du wirst durch Menschen, Gegenstände und Seelen blicken können und ausgleichen, wo Ungleichheiten entstanden sind. "

(Lichtengel Sermuil / Stein: Klinozoisit / Band 3)

Glückseligkeit

Engel **Aaneval** – Engel der Glückseligkeit

„Tiefste Zufriedenheit und höchstes Glück sind das schönste Gut, das du empfinden kannst. Mit mir gehen alle deine Wünsche, Hoffnungen und Träume in Erfüllung, wenn sie den Boden der Realität nicht verlassen. Ich werde dich tragen, bis du die Glückseligkeit erreichst, denn sie ist das Licht deiner Existenz."

(Engel Aaneval / Stein: Dioptas / Band 1)

Engel **Abdizuel** – Glücksengel auf der Erde

„Ich bin überall und nirgends ... auf Erden oder in den Lüften. Meine Flügel sind strahlend wie ein Regenbogen. Mein Licht so glitzernd wie der Sternenhimmel. Mein Ausdruck so rein wie Tautropfen auf den Blütenblättern. Die göttliche Freude, das Glück und die Zufriedenheit werden überall einkehren, wo ich mich aufhalte."

(Engel Abdizuel / Stein: Jadeit / Band 1)

Engel **Asinel** – Engel der Bereicherung

„Reichtum bedeutet für viele von euch materieller Besitz. Ich sage dir, Reichtum ist das Erkennen, Fühlen und Lieben des Lebens! Erkenne Tag für Tag einen neuen Teil von der Welt um dich herum. Die Strahlen der Sonne, den Duft der Blumen, die Zärtlichkeiten, die dir aus dem Reich der Tiere entgegengebracht werden. Es ist die Freude, die dich erfüllt, und deine Sorgen und Zweifel des Alltags verblassen lassen."

(Engel Asinel / Stein: Libysches Wüstenglas / Band 2)

H

Heiler

Engel **Semechel** – Engel der Naturheilkunde

„Vor mir hat die Natur keine Geheimnisse, und ich kenne jede Faser der Pflanzen, die Wirkungen der Kräuter, das Mysterium der Steine. Ohne Worte werde ich dich überall hinführen und dich die Heilkunde zwischen Himmel, Erde, Ebenen und den Planeten um uns herum lehren."

(Engel Semechel / Stein: Koralle natur / Band 1)

Engel **Dratzel** – Meisterengel der Natur

„Durch mich erlangst du die Fähigkeiten und das Wissen um die Möglichkeiten der Heilung durch deine Natur. Ich werde dich führen in die Wunderwelt deiner Göttin, die dich erfüllt und auflädt mit ihrer Kraft und ihrem Wissen um die Heilung. Du wirst es sein, der immer mit ihr verbunden ist, um daraus deinen Nächsten zu helfen."

(Engel Dratzel / Stein: Eklogit / Band 1)

Engel **Karasa** – Engel der Heilgeheimnisse

„Ich bin der Engel der göttlichen Heilung. Ich stelle mich in deinen Schatten und flüstere dir in jeder Situation die Heilgeheimnisse zu, die du benötigst. Du wirst dich durch mich in andere hineinfühlen können und erhältst von mir das Wissen zu jeder Zeit, das du brauchst, um immer dementsprechend richtig daraus zu handeln."

(Engel Karasa / Stein: Psilomelan / Band 1)

Engel **Elim** – Schutzengel des Wissens

„Ich weise dich ein in das Wissen über die Gesundheit und führe dich in schweren Zeiten durch alle Prüfungen, die du absolvieren musst. Menschen in ihrer Krankheit zu begleiten, ist eine der schwersten Aufgaben, die du für dich auswählen kannst. Lasse mich in deiner Nähe sein, und du wirst immer wissen, was die Krankheitsursache ist um daraus die richtige Heilung in die Wege zu leiten."

(Engel Elim / Stein: Regenbogen-Fluorit / Band 1)

Engelfürst **Apollon** – Engel der Weisheit

„Gesundheit ist das Fundament des Lebens. Ich bin der Weg des Wissens darum und verleihe dir die Gabe der Weisheit über alle Krankheiten und deren Heilung für dich und andere. Wer sich an mich wendet, oder ich mich an ihn, wird nicht zum Heiler, sondern zum Propheten der Heilung, der über allem stehen wird."

(Engelfürst Apollon / Stein: Turmalin weiß / Band 1)

Lichtengel **Ugefor** – Zukunftsengel der Heilung

„Wenn du dich als Heiler auf der Erde fühlst, so wirst du durch mich die Worte der Verbindung erhalten, mit denen du dich in jeder Weise mit jeder Seele, sei es Pflanze, Tier oder Mensch, verbinden kannst. Die Kommunikation mit der Seele, nicht die des Körpers ist es, die eine Heilung bewirken kann. Du wirst durch mich das Wissen der Pflanzen erhalten und die Kombinationen aus den Kräften der Natur, um jede Seele heilen zu können. Du wirst das Wunder bewirken, den Seelen emporzuhelfen in das Licht der Göttlichkeit. Du alleine wirst derjenige sein, der dies an ihnen bewirken kann. Hast du hierzu den Mut, wirst du von mir jedes Wunder der Heilkunst geschenkt bekommen."

(Lichtengel Ugefor / Stein: Apatit grün / Band 3)

Heilkräuter

Engel **Kalote** – Engel der Verarbeitung

„Ich bin für das Verarbeiten von Sträuchern, Blättern, Kräutern, Rinden, Wurzeln, Harzen und Räucherstoffen zuständig. Denn das Konservieren der göttlichen Blütenkraft in der hellen Jahreszeit ist notwendig, um damit – auch in der dunklen Jahreszeit – arbeiten zu können. Du wirst mit mir lernen, sie zu öffnen und, wenn du den Segen dazu hast, ihnen einen Befehl erteilen zu dürfen. Die Pflanzenseele wiederum ist es, die dir das Wissen, die Heilung, die Liebe und die Verbindung zu weiteren Engeln deiner Entwicklung zeigen, beibringen und dich weiter lehren kann.“

(Engel Kalote / Stein: Cerussit / Band 3)

Engel **Buriuh** – Engel der Heilkräuter

„Meine Arbeit und Aufgabe an dir ist folgendes: das Fühlen und Verstehen der Pflanzen sowie die Kommunikation und deren Verbindungs-, Kombinations- und Heilgeheimnisse. Ihr habt alleine Tausende von Kräutern auf der Erde, die alle ihre Aufmerksamkeit benötigen. Aus ihnen können Tees, Salben, Duftstoffe, Öle oder Speiseverfeinerungen und Räucherungen hergestellt werden. Es ist die Macht der Magie, zu wissen, wie sie zu Liebes-, Heil- oder Ritualmischungen zusammengestellt werden. Ich, Buriuh werde dich dies alles lehren, wenn du mich zu dir rufst.“

(Engel Buriuh / Stein: Silberauge / Band 3)

Heilung

Engel **Echagi** – Engel der göttlichen Vorsehung

„Ich erfülle dich mit Vitalität und Frische, damit du dich fideler und erholter fühlst als vorher. Deine dir selbst eingeredete Krankheit ist

eine Belastung für alle in deinem Umfeld. Einsamkeit und wirklich schwere Krankheiten werden die Folge sein. Wenn du das verhindern möchtest, so rufe mich, und ich stehe dir bei.“
(Engel Echagi / Stein: Erdbeerquarz / Band 1)

Engel **Osanel** – Engel der Verbesserung

„Mein Wirken an dir ist die Heilung durch die Kraft von uns Engeln. Ich durchleuchte langwierige Krankheiten und werde dich aus deiner Verwirrung und Verzweiflung herausführen, die meist mit auf diesen Wegen einhergehen. Ich behebe alle begleitenden, widrigen Umstände und versuche, sie zu erleichtern und zu helfen, wo ich nur kann. Bei Heilbehandlungen bin ich ganz nah bei dir ... werde deine Hand halten und niemals loslassen.“
(Engel Osanel / Stein: Granat Tsavorit / Band 1)

Engel **Lalahel** – Engel der Heilung

„Ich fördere deine Gesundung, den Heilungsprozess und dein inneres Gleichgewicht, indem ich dir farbenfrohe Ausblicke in deine Zukunft gewähre, wie sie sein könnte, wenn du diesen schweren Weg hinter dich gebracht hast. Denn nicht der Tod ist deine Zukunft, sondern das Leben! Ich werde bei dir sein, und du wirst mit mir zum Gewinner in jedem Kampf!“
(Engel Lalahel / Stein: Bandachat / Band 1)

Engel **Papus** – Engel der Medizin

„Bei Wunden und Verletzungen bin ich an deiner Seite und schlüpfe in dich hinein. Ich stehe nach Unfällen und Operationen direkt neben dir und fördere die Wundheilung. Meine Anwesenheit bringt jede Heilung, die körperlich erwünscht ist. Im Kleinen sowie im Großen.“
(Engel Papus / Stein: Rhodonit / Band 1)

Engel **Paschan** – Engel der Wege

„Heilung ist ein Prozess, oftmals langwierig und verworren. Oft mit Rückschlägen, Traurigkeit, Mutlosigkeit verknüpft. Vertiefe dich und sinke in dein Inneres, an die Tore deiner Seele ... Dort warte ich auf dich, und ich geleite dich aus diesem Labyrinth der Verzweiflung auf den Weg der göttlichen Heilung ins Licht. Denn ich bin ein Bote Gottes und sage dir, dass es nichts geben wird, das du nicht schaffen wirst!"

(Engel Paschan / Stein: Korallen-Achat / Band 2)

Herzlichkeit

Engel **Samandaah** – Engel der Feinfühligkeit

„Wenn ich komme, rieselt feiner Engelstaub auf dich nieder. Das ist ein Zeichen der tiefen Liebe, die ich dir entgegenbringe, einzigartiger Lichtfunke dieser Erde! Wache auf! Du bist ein göttliches Wesen! Öffne die dicke Türe deines Herzens und erkenne, was für ein wundervoller, warmherziger, feiner und liebevoller Mensch du bist! Du bist es, der von uns beiden hier auf der Erde die Liebe unseres Vaters repräsentiert."

(Engel Samandaah / Stein: Petalit / Band 2)

Engel **Liliel** – Engel des Herzens

„Nimm meine Hand, lass uns diesen Weg zu den göttlichen Tugenden gemeinsam gehen. Denn es gibt nichts Schöneres als von Liebe, Licht und Zärtlichkeit erfüllt zu sein. Anderen Menschen zu helfen, ohne sich selbst daran zu bereichern, einfach für sie da zu sein. Es ist der Ruf des Herzens, den du mit mir vernimmst ...Ich werde es sein, der dich dorthin begleitet."

(Engel Liliel / Stein: Calcit rosa / Band 2)

Engel **Sandiel** – Engel der feinen Schwingungen

„Feingefühl steckt in jedem von euch, und dieses Gefühl der Zartheit möchte ich in euch wecken und trainieren. Ich werde dich so weit lehren, dass du über den Dingen stehst und feinstoffliche Schwingungen spüren kannst! Alle Hindernisse lösen sich sanft aus deinem Leben ... und Neues kann Einzug halten. Herzlichkeit, Offenheit und Liebe sind nun der Mittelpunkt deines Lebens!"

(Engel Sandiel / Stein: Lavendelquarz / Band 2)

Hilfsbereitschaft

Engel **Echami** – Engel der Hilfsbereitschaft

„Gute Taten zu vollbringen, ohne bewusst darüber nachzudenken, was dein Lohn dafür sein könnte – das ist die wahre Demut und Liebe, die wir Lichtwesen lehren. Der Himmel wird sich dir öffnen, wenn du dies auf der Erde leben und praktizieren kannst. Deine Liebe alleine schafft es, die Wunden der Herzen und die Narben von Verletzungen jeder Seele zu heilen. Lasse die Liebe, die wir dir schenken, auch anderen zuteil werden."

(Engel Echami / Stein: Dravit / Turmalin braun / Band 1)

Engel **Urgivoh** – Engel der Offenheit

„Ich kenne die Kräfte der Beliebtheit, der Gunst und Sympathie, die dich zum Erfolg führen. Lasse mich bei dir sein, und ich versichere dir, dass du immer und überall angenommen wirst. Denn ich achte auf deine Worte und Handlungen und erinnere dich an die Ehrlichkeit von beidem. Jede Gemeinschaft, jede Zusammenarbeit ist ein Geben und Nehmen. Und auch hier gilt wieder dasselbe Gesetz wie überall: das göttliche Gleichgewicht."

(Engel Urgivoh / Stein: Koralle blau / Band 1)

Engel **Achaiah** – Engel der Vermittlung

„Feinde können Freunde werden. Abneigung verwandelt sich in Akzeptanz. Mit meiner Güte lernst du, besser mit anderen umzugehen und alles von mehreren Seiten zu betrachten. Öffne deine Intelligenz und springe mit Leichfüßigkeit über die Hindernisse, die sich vor dir aufbauen!"

(Engel Achaiah / Stein: Brekzien-Jaspis / Band 1)

Hoffnung

Engel **Florian** – Engel der Hoffnung

„Ich bin dein Retter, wenn du keinen Ausweg mehr siehst, und ich zeige dir die Wege, die für dich noch im Verborgenen liegen. Betrachte deine Situation nicht in Eile, sondern gründlich und mit Ruhe. Du befindest dich in einem Labyrinth deiner eigenen Gedanken … Reiche mir deine Hand, und ich werde dich mit meinem Licht hinausführen ... Ich gebe dir die Hoffnung und den Glauben, dass alles gut wird. So ist die Zukunft, die ich bereits kenne."

(Engel Florian / Stein: Apachenträne / Band 1)

Engel **Cosmoel** – Engel der Fülle und Freude

„Ich komme im Auftrag von Jophiel und bringe Hoffnung, Vertrauen und Glückseligkeit zu euch. In meinem Licht erwacht euer Glück zu neuem Leben! Hell und warm wie die Sonne umfange ich eure Herzen und trage sie so lange, bis ihr euch wieder sicher und geliebt fühlt."

(Engel Cosmoel / Stein: Goldberyll / Band 1)

Engel **Nehemiael** – Engel der Zuversicht

„Mein Name ist Nehemiael. Ich bin ein Engel der Hoffnung auf allen Wegen. Ich bestärke euch bei aufkommender Angst, Krankheit und Ausweglosigkeit. Denn es gilt nicht nur, eisern einen Weg zu verfolgen, sondern auch in schweren Zeiten die Kraft zu besitzen, weiterzuwandern

und niemals stehen zu bleiben. Erst in diesen Momenten zeigt es sich für uns, wer wirklich die göttliche Stärke besitzt. Atme tief durch und fülle deinen Körper mit meinem Licht – ungeahnte Möglichkeiten eröffnen sich dir.“

(Engel Nehemiael / Stein: Rutilquarz / Band 2)

<u>Lichtengel **Bartholomäus** – Engel der Lichter</u>

„Neue Ideen kommen mit mir und entfalten sich in dir und um dich herum. Deine Ängste vor Veränderungen weichen und die Hoffnung auf Neues hält Einzug. Ist dein Energiefeld erst gereinigt und sind alte Strukturen beseitigt, so werden Funken der Inspiration auf dich übergehen und dich erfüllen wie nie zuvor. Glaubensmuster lösen sich und neue Fähigkeiten beginnen, in dir zu wachsen!“

(Lichtengel Bartholomäus / Stein: Apophyllit grün / Band 1)

I

<u>Inspiration</u>

<u>Engel **Baroa** – Engel der Sinne</u>

„Ich stehe für Farbe und Form und vereine die Schönheit in mir. Nimm ein Stück meiner Inspirationen, Ideen und Gestaltungskraft für deine Kunst und Arbeit. Probiere die Dinge aus und scheue dich nicht! Versuche dich im Malen, im Singen oder im Spielen von Musikinstrumenten! Mit mir kommen die Farben der Musik und Fantasie. Sie zu nehmen, liegt ganz alleine bei dir.“

(Engel Baroa / Stein: Eilatstein / Band 1)

Engel Akanejonaho – Engel der Inspiration

„Reichhaltige Inspiration ist mein Elixier für dich! Durch meine Zusammenarbeit mit dir werden menschliche, störende Verhaftungen, die dich im Leben blockieren, gelöscht. Gib deinen Einfällen ihren Raum, denn sie werden dein Sein zum Himmel emporheben."

(Engel Akanejonaho / Stein: Fluorit grün / Band 1)

Engel **Padidi** – Engel der Ausdrucksformen

„Das ewige Licht der Kunst möge über dir leuchten, denn meine Aura symbolisiert die Schönheit und das Farbenspiel von Himmel und Erde. Lasse mich in dich fließen, und ich verbinde dich mit meiner göttlichen Vorstellungskraft. Dadurch bekommst du die Möglichkeit, die Geschichten und Wunder der Welten zu erfahren und wiederzugeben."

(Engel Padidi / Stein: Spektrolith / Band 1)

Engel **Riguel** – Engel für Tanz und Bewegung

„Nur offene Herzen der Menschen werden geweckt durch Inspiration und Einfallsreichtum, dadurch entstehen neue Formen von Bewegung, Tanz und Musik! Und eure innere Erfüllung mit Glück, Freude und tiefer Zufriedenheit. Ich bin gerne hier und lehre jeden von euch, sich in die Bewegungen hineinzugeben: Sich zu wiegen wie eine Weide im Wind ... wie ein Fisch im Wasser ... oder wie die Flamme einer Kerze."

(Engel Riguel / Stein: Achat natur / Band 1)

Engel **Aschimalieel** – Engel der Eingebung

„Ich lehre dich das, wonach deine Seele strebt und was du für dich auserkoren hast. Ich stärke deine Stimmbänder und fördere deinen Gesang. Ich bin ein Lehrer der Instrumente und akribisch genau in den Feinheiten der Farbklänge. Perfektion und das Wissen um alle Klänge sind mein Ziel, das ich an jedem von euch erreichen werde, wenn es euer Wunsch sein sollte, mit mir zusammenzuarbeiten."

(Engel Aschimalieel / Stein: Orthoklas / Band 1)

Engel **Mattathäus** – Engel der Klänge

„Ich, Mattathäus, bin das Symbol der Farbenleiter, der Klangstufen in die Ebenen von uns Engeln auf die Erde und andersherum! Es sind die Töne, die für dich so zart klingen und jeder von ihnen ist ein Schritt weiter von der Erde entfernt. Töne, auf Instrumenten wiedergegeben, erzählen die Geschichten aus unseren Welten. Es ist die Sprache der Ebenen, die du mit mir in deine Welt holen kannst, um sie damit zu verzaubern."

(Engel Mattathäus / Stein: Nunderit / Band 3)

Engel **Sereda** – Engel der Farben

„So, wie Töne aneinandergereiht Erzählungen der Ebenen widerspiegeln können, so vermögen es auch die Farben der Bilder zu tun! Tauche mit mir ein in die Kunst der Farben, ihrer Wiedergabe und Mischungen, um sie auf Papier zu bringen. Jede Ebene, jeder Engel besteht aus einer Farbe! Füge diese nach deinem Belieben zusammen und kreiere deine Welt, gemalt aus der unsrigen … in Verbundenheit bei dir auf der Erde. Diese Bilder werden die Liebe Gottes ausstrahlen, die wir Engel repräsentieren!"

(Engel Sereda / Stein: Smithsonit / Band 3)

Engel **Ergomion** – Engel der Farbenheilkunde

„So wie jede Farbe sich wieder hundertfach unterteilt, ist auch die Heilung, die von ihr ausgehen kann. Kombiniere aus diesem Wissen die richtigen Rezepte. Denn je mehr du in dir vereinst, desto besser und belebender wird das Ergebnis sein! Zeige mir deine Liebe, Freude und Glückseligkeit auf der Erde und gib diese an andere weiter … damit auch sie Anteil an der wundervollen Huld Gottes haben!"

(Engel Ergomion / Stein: Konichalcit / Band 3)

Engel **Sarasi** – Engel der Geistesblitze

„Du bist voller Freude über neue Ideen und die Kraft deiner Gedanken. Doch du behältst sie nie für dich, sondern posaunst sie aus! Andere bereichern sich dadurch an dir, nutzen dich aus, stehlen dir deine Geistesblitze. Ganz dicht werde ich bei dir sein, wenn du mich rufst. Dann hülle ich deine Ideen ein, damit sie verschlossen vor anderen sind und doch dir nie abhanden kommen!"

(Engel Sarasi / Stein: Chromchalcedon / Band 1)

K

Karma

Engelfürst **Kamsiel** – Engel der Lichtfunken

„Ich, Kamsiel, folge dem Ruf unseres Herrn und suche dich auf, wenn es dein Wunsch sein sollte. Ich alleine darf dich führen in deine Vergangenheit und an das Wissen deiner Seele, das tief in dir verborgen liegt. Sie wird es sofort erkennen und sich daran erinnern können. An den Glanz der eigenen Entwicklung, inneren Führung und Aufgabe. Sorge dich nicht, denn das Kommende ist die Erfüllung Gottes, die deinen Weg vorherbestimmt."

(Engelfürst Kamsiel / Stein: Leucit / Band 2)

Großfürst **Jahuel** – Engel der Göttlichkeit

„Von dir und von jedem anderen Menschen auf dieser Erde ist mir die Vergangenheit vertraut. Ich hüte dieses Wissen, bis ihr reif seid, es zu

erfahren. Ist dieser Zeitpunkt gekommen, sucht ihr mich auf, und ich werde euch führen in das Verständnis des Ganzen. Ich bin der Bote Gottes, der dir auf seinen Händen das Wissen unseres Vaters, seine Liebe und seine Göttlichkeit überbringt, um dich mit diesen Gaben zu vereinen. Erhebe dich und nimm mein Geschenk an, damit ich dir im Hier und Jetzt gegenüberstehe."
(Großfürst Jahuel/ Stein: Amblygonit / Band 2)

Kinder

Engel **Rahmiel** – Engel der Zartheit
„Den kleinsten Seelen stehe ich bei und verknüpfe sie mit den Fäden der Liebe, als Anker für ihre Zukunft. Ich hüte und bewache sie, und wenn die kleine Kinderseele abends einschläft, küsse ich sie zur guten Nacht und begleite sie auf den Wegen der Träume zu uns nach Hause ins Reich aller Engel ... Doch, sorge dich nicht, wir kommen rechtzeitig vor Tagesanbruch wieder zu dir zurück."
(Engel Rahmiel / Stein: Rosenquarz / Band 1)

Engel **Tanael** – Schutzengel der Kinder
„Ich hüte deine Kinder, deine Haustiere sowie die Blumenkinder in deinem Garten. Ich bin einer der Schutzengel für die Kleinsten unter euch und bewache ihre körperliche und geistige Entwicklung. Rufe mich zu jeder Zeit, wenn ich ihr Wachstum fördern kann, und ich werde bei euch bleiben, bis mein Werk vollendet ist und euer Kind den Mut, die Stärke und die Kraft besitzt, seinen Lebensweg alleine zu gehen."
(Engel Tanael / Stein: Sandrose / Band 3)

Kindererziehung

Engel **Hosun** – Engel der Erziehung

„Ich führe dich in die Gefühle deines Kindes, so dass du empfinden, wahrnehmen und nachvollziehen kannst, was in diesem wundervollen kleinen Wesen vor sich geht. So wird es dir möglich sein, zu verstehen, wenn es nicht reden, essen oder zuhören will! Mit mir lösen sich viele Sorgen auf, und die Freude an deinem Kind gewinnt wieder die Oberhand."

(Engel Hosun / Stein: Wulfenit / Band 1)

Engel **Peliel** – Engel des Schutzes vor falschen Entscheidungen

„Wut, Aggression, Unnahbarkeit deines Kindes sind aktuelle Themen? Reagiere nicht im Affekt, falsche Entscheidungen lassen sich dann in ihrem Ausmaß nicht abschätzen. Ich sage dir ab jetzt, was wie zu tun ist. Nicht nur für dein Kind, nein, auch für dich! Ich werde solange bleiben, bis ihr wieder in Liebe, Ruhe und Harmonie zusammengefunden habt und so weiterleben könnt."

(Engel Peliel / Stein: Plasma/Chalcedon grün / Band 1)

Kombination

Engel **Naga** – Engel der Kombination

„Ich bin die lichte Kraft, die dein Urteilsvermögen lenkt. Mit mir gibt es keine Umwege mehr. Ich hebe dich auf die Höhe meines Überblicks, und du erkennst, worum es wirklich geht. Ich verleihe dir das Talent, zu kombinieren und daraus den besten Weg zu finden. Für dich selbst und für alle anderen!"

(Engel Naga / Stein: Hessonit / Band 1)

Kontrolle

Engelfürst **Equel** – Engel der Größe

„Ich beherrsche die Formeln der Macht und Hierarchie. Die Kontrolle über Denken und Handeln liegt in meiner Hand. Mit meinem Kommen erhältst du die Konzentration, Sicherheit und Führung, die dir zusteht. Ich erwähle die neuen Führer, und diese erhalten von mir die Stärke, die Ausdauer und das Wissen, das sie für ihre Aufgabe benötigen."

(Engelfürst Equel / Stein: Lapislazuli aus Afghanistan / Band 1)

Kraftplätze

Lichtengel **Ramara** – Engel der heiligen, rituellen Plätze

„Es gibt drei Arten von Kanälen, Räumen oder Plätzen. Ich, Ramara, werde es sein, die dir diese heiligen und rituellen Orte der Vergangenheit, Gegenwart und Zukunft zeigt. Ich bin dein Engel bei allen Riten und Handlungen und die Verknüpfung zu allen Toren und Ebenen. Du wirst durch mich alle Engel kennenlernen, die weit entfernt von deiner Erde sind. Wir beide erreichen unser Ziel an jedem heiligen Ort, dass dieser gereinigt im Licht unseres Vaters wieder gemäß den Kräften Gottes aufblüht!"

(Lichtengel Ramara/ Stein: Saphir gelb / Band 3)

Engel **Orphiel** – Engel der göttlichen Erdlinien

„Ich bin der Engel der spirituellen Kräfte und der Beschaulichkeit. Durch mich kehren Stille und Meditation ein, und ich bringe dich an die magischen Plätze der ganz alten Zeit, die einst schon von Menschenhand erbaut wurden. Meist sind diese im Schoße der Göttin errichtet. Es ist meine Aufgabe, dich an diesen Plätzen vor allen Einflüssen und Bannformeln zu schützen, die vor langer Zeit auf diesen Orten niedergelegt wurden."

(Engel Orphiel / Stein: Morganit / Band 3)

L

Lebenserhaltung

Engel **Akriel** – Engel des Fortschritts

„Körperliche Erkrankungen sowie Veränderungen der Knochen sind Prozesse, die sich nicht vermeiden lassen. Doch ich verlangsame diese Entwicklung und halte das Rad des Alterns auf. Ich stütze dich und verleihe dir die Kraft, Schritt für Schritt wieder in die Gesundung zu gehen. Meine Stärke stützt dich und hält dich aufrecht, ich forme deinen Rücken und verstärke deine Muskeln. Sieh nach vorne und geh weiter!"

(Engel Akriel / Stein: Aragonit braun / Band 1)

Engel **Lovecraft** – Engel der Lebenserhaltung

„Akriel, mein Bruder, stützt deine Gelenke und deinen Knochenbau. Ich bin hier, um dein Herz, das alles am Leben erhält, zu stabilisieren. Ich werde dir die Kraft und den Halt geben, dass du alle Schönheiten der Erde so lange wie möglich genießen kannst. Koste dein Leben, deine Liebe aus, solange deine Lungen den Atem Gottes spüren."

(Engel Lovecraft / Stein: Sarder / Band 1)

Engelfürst **Wybiol** – Engel der Erhaltung bis ins hohe Alter

„Ich werde euch führen zur Quelle des Lebens, um euren Brunnen der Seele mit der Kraft zu füllen, die ihr von jungen Jahren her kennt! Körper, Geist und Seele werden konzentriert, agil und beweglich sein, solange wie du vorhast, noch auf dieser Erde zu leben. Dein Alter ist hoch und wird sich noch erhöhen, doch dein Geist wird jung bleiben wie einst in den besten Jahren!"

(Engelfürst Wybiol / Stein: Sillimanit / Band 1)

Engel **Kirek** – Engel der Vergesslichkeit

„Auch das Altern gehört zu eurem Leben, es ist normal, doch geht es bei euch entschieden zu schnell! Ich bremse diese Entwicklung. Rezepte gegen Alter und Krankheit sind mein Wissen. In meiner Anwesenheit gibt es keine Vergesslichkeit und keine geistigen sowie körperlichen Gebrechen mehr!"

(Engel Kirek / Stein: Baryt / Band 1)

Lebensfreude

Engel **Dijoniah** – Engel der Freude

„Betrachte deine Welt mit Kinderaugen und lerne wieder, zu lachen wie ein Kind. Es ist die wertvollste Gabe, die tiefe Zufriedenheit mit sich bringt und euch erfüllt und verändert. Verbissenheit, Verzweiflung und Niedergeschlagenheit lösen sich auf und neue Ideen halten in meinem Licht Einzug. Eingebettet in die Freude am Leben und bei allem Tun deiner Werke."

(Engel Dijoniah / Stein: Aventurin orange / Band 1)

Engel **Tattwail** – Engel der Zufriedenheit

„Zu wissen, wo du hingehörst und was die Aufgabe des Lebens ist, erfüllt dich mit tiefer, innerer Freude. Ziehe mit mir jedes Detail in Betracht und gestalte dir deine Zukunft. Ich werde hier sein und besonders passiven und kraftlosen Menschen zur Seite stehen. Hast du dein Ziel fest vor Augen, so kehren Ruhe, Stärke und Lebensfreude in dir ein, die dir niemand mehr streitig machen kann"

(Engel Tattwail / Stein: Leopardenfell-Jaspis / Band 1)

Engel **Batirunos** – Engel der Lebenslust

„Freude, Stärke und sonnige Herzenskraft kommen mit mir, genauso wie der bei dir in meiner Anwesenheit einkehrende Friede. Mein Auftrag

ist, euch die Kraft zu vermitteln, euren Weg zu gehen und euch niemals zu verlieren in Traurigkeit oder Verzweiflung. Nimm meine Hand und lass dich mitreißen, denn ich zeige dir die schönsten Facetten deines Lebens!"
(Engel Batirunos / Stein: Feueropal / Band 1)

Engel **Pasmasa** – Engel des Lachens
„Meine Anwesenheit hebt jede Stimmung, und alle begonnenen Gespräche werden lustiger. Freude, Frohsinn und Humor sind wie Perlen, die dein Leben bereichern und verschönern. Heiterkeit ist ein Genuss, der dir im Leben nicht verwehrt ist. Ich bin hier, um ihn dir zu geben ... du brauchst ihn nur zu nehmen."
(Engel Pasmasa / Stein: Boulder-Opal / Band 1)

Lebensinhalt

Engelfürst **Shamaiel** – Engel der Sonne
„Jetzt mag dein Leben noch ausgefüllt sein, doch dein Lebensinhalt wird sich mit der Zeit ändern und die jetzige Stabilität vergehen. Kinder, Familie, Arbeit, alles wandelt sich … auch Gleichgesinnte und Freunde ändern sich. Die momentane Gemeinschaft wird nicht so bestehen bleiben, sondern irgendwann in Einsamkeit enden. Beginne jetzt mit mir, eine neue Stütze zu errichten, mit Freude und offenem Herzen, und du wirst die Früchte deines Glückes ernten, wenn du dein Leben, das du nun erwartest, gelebt haben wirst."
(Engelfürst Shamaiel / Stein: Pyrit / Band 1)

Engel **Umbarim** – Engel der Fülle und Begleitung
„Du stehst mitten im Leben und merkst, es nahen Veränderungen, denen du am liebsten aus dem Weg gehen würdest. Wenn du dich nicht gerne unter anderen Menschen aufhältst und keiner Gruppierung angehören möchtest, dann finden wir beide eine für dich passende Lösung und bauen diese gemeinsam auf. Dieser neue Lebensinhalt erfüllt dich mit

Harmonie und Zufriedenheit und stärkt dich für deinen weiteren Lebensabschnitt.“
(Engel Umbarim / Stein: Stilbit / Band 1)

Engel **Catherel** – Engel der Entwicklung
„Mit deiner Untätigkeit und Passivität quälst du die Menschen in deiner Umgebung. Warum sollen sie dich beschäftigen? Wenn ich dich aufsuche, nehmen dein Weinen und Klagen ein Ende. Freude und Lebenslust halten wieder Einzug bei dir. Meine Klarheit und Offenheit sorgen für neue Pläne, die dein Leben bereichern.“
(Engel Catherel / Stein: Lapislazuli / Band 1)

Lebenskraft

Engel **Machajel** – Engel der belebenden Kraft
„Ich stärke deine Seele, deinen Geist und deinen Körper. Denn nur in dem Licht von uns Engeln wird dir alles gelingen. Du wirst jede Hürde nehmen und jede Aufgabe bewältigen. Meine Ermutigung ist die Nahrung von Gott, unserem Vater, die alles am Leben erhält und dich zu neuen Taten auffordert.“
(Engel Machajel / Stein: Granat in Matrix / Band 1)

Engel **Ikon** – Engel des Ausgleichs
„Ich lenke das Gleichgewicht der Energie für Körper, Seele und Geist. Verliere niemals meine Worte, sie sind die aufbauenden Kräfte in schweren Zeiten. Denn nur der, der sie versteht, weiß, was ich meine.“
(Engel Ikon / Stein: Grossular / Band 1)

Engel **Caracasa** – Engel der Lebenskraft
„Müde wirst du mit mir nicht. Meine Ziele sind deutlich, meine Ausdauer ist enorm. An meiner Seite hast du kein Verlangen nach Pausen und schreitest kraftvoll und mit Schwung den Lebensweg weiter.“
(Engel Caracasa / Stein: Tigereisen / Band 1)

Lernen

Engel **Adonaiel** – Schutzengel von Schülern und Studenten

„Ich bin die Konzentration, der Gedankenfluss und die tiefe Ruhe in dir. Bei Prüfungen stehe ich über dir, halte dein Wissen fest, dass es nicht abhandenkommt. Ängste vor Prüfungen, Nervosität und feuchte Hände nehme ich dir ab. Kopfschmerzen, Migräne und Unsicherheit puste ich weg wie ein Sandkorn und helfe dir, alles zu meistern, was du dir vorgenommen hast. Nichts wird dich in meiner Anwesenheit von diesem Weg abbringen. Ich vermittle dir Ruhe, Besonnenheit und die Sicherheit, damit du niemals entmutigt wirst, dein Ziel je zu erreichen."

(Engel Adonaiel / Stein: Fluorit blau / Band 1)

Engel **Parascho** – Engel des Erfolges

„Ich bringe dir einen klaren Verstand, schnellere Auffassungsgabe, Scharfsinn und Redegewandtheit! Ich öffne alle deine Gedankengänge, flüstere dir die Brücken, Kombinationen und Sachverhalte ins Ohr und verrate dir die Formeln, die du für das richtige Ergebnis brauchst. Ruft mich, und ich verhelfe auch den Faulsten unter euch zu dem Erfolg, den sich ihre Eltern wünschen und erwarten."

(Engel Parascho / Stein: Aragonit weiß / Band 1)

Lichtbringer

Engelgruppe **Dakini** – Engelwesen der Zugänglichkeit

„Wir sind das Licht und die Erleuchtung. Wir inspirieren, schützen und führen dich und machen das göttliche Wissen verständlich. Irrwege sind durch uns in Zukunft möglich. Du wirst dich ab sofort nicht mehr verlaufen oder falsche Entscheidungen treffen. Wir sind allgegenwärtig und jetzt nur für dich zuständig. Wir lieben dich und erfüllen dich mit allem, was du brauchst, um aus dem Dickicht deines Lebens herauszutreten!"

(Engelgruppe Dakini / Stein: Granat Uwarowit / Band 2)

Lichtengel **Balsamos** – Engel der Seele

„Ein Mensch durchläuft Höhen und Tiefen in seinem Leben. Ich bin dein Licht, wenn es dunkel um dich geworden ist, und ich breite meine Flügel über dir aus, wenn du nicht mehr weiterkommst. Unter meiner Obhut darfst du dich sicher fühlen! Es ist mein göttlicher Auftrag, dir den Weg aus der Finsternis zu leuchten, denn Irrwege gibt es mehr als euch bewusst sind. Ich führe dich heraus aus deiner Dunkelheit zu lichteren Orten, dorthin, wo bereits andere Engel auf dich warten ...“

(Lichtengel Balsamos / Stein: Opal-Katzenauge / Band 2)

Engel **Pavagigar** – Engel des strahlenden Lichtes

„Wenn es dunkel um dich geworden ist, dann rufe mich. Auch ich bringe dir Licht und Wärme und führe dich aus dem Tunnel der Verzweiflung. Deine Hoffnung und dein Glaube sind die Lichter, die dich auf deinem Lebensweg begleiten. Einsamkeit und Dunkelheit lassen beide jedoch schnell erlöschen. Ich dagegen entzünde sie wieder, um dich vor allem negativen Kommenden zu bewahren.“

(Engel Pavagigar / Stein: Apophyllit weiß / Band 2)

Lichtengel **Pafessa** – Engel der Beständigkeit

„Ich bin Pafessa, Lichtengel der Beständigkeit und schütze dich und deine Kräfte. Ich helfe dir, sie zu stärken! Was immer du dir vornimmst, mein Licht wird über dir leuchten. Ich erfülle dich mit den Kräften des Schweigens, denn allein die Weisen unter euch werden die Erkenntnis gewinnen, dass mein Wissen nur für sie bestimmt ist und nicht für andere, die folgen werden.“

(Lichtengel Pafessa / Stein: Anhydrit/Angelit / Band 2)

Engel **Camarion** – Engel der Wegführung

„Das Gleichgewicht der Erde bringt es mit sich, dass sich in dunklen Zeiten das Licht auf der Erde und ihre Farben des Himmels nicht erkennen lassen. Rufe mich in diesen Momenten, und ich werde dir auch in der größten Dunkelheit die Wege der Farben zeigen, die direkt in das göttliche Licht führen. Es bedarf keiner großen Worte, um meine Wegführung zu sehen ... und zu verstehen."

(Engel Camarion / Stein: Katapleit / Band 3)

Engel **Galago** – großer Lichtbringer der Seele

„Verzage nicht! Halte fest, wir beide schaffen das! Egal, was kommt, egal, wer dich angreift, egal, was falsch lief. Ich werde hier sein und dich aus dem Labyrinth der Wege führen. Halse dir nicht zu viele Aufgaben auf. Fühle dich nicht jetzt schon als Führer für andere. Finde erst dein eigenes ‚Ich'! Das ist das Licht deiner Seele, das du immer in dir tragen wirst, um aus jeder Dunkelheit herauszufinden."

(Engel Galago / Stein: Dendriten-Achat / Band 2)

Liebe (geistig)

Engel **Mebahel** – Engel des Herzens

„Eure Treue, eure Liebe und eure Harmonie auf dieser Erde liegen in meiner Hand. Im Stillen agiere und leite ich. Erst, wenn du dich liebst und annimmst, wie du wirklich bist und so wie wir Engel dich sehen, wirst du die Liebe und Harmonie auf die Erde zu anderen bringen. Denn nur, wenn du diese Liebe selbst bist, mein Kind, kannst du sie auf dieser Erde auch leben! Nimm meinen Segen an, der dein Herz erfüllt, und reiche diesen Segen an alle weiter, die deine Wege in Zukunft kreuzen werden."

(Engel Mebahel / Stein: Calcit pink / Band 3)

Engel **Kofan** – Engel der eigenen Zusammenführung

„Ich zeige dir die Welt außerhalb der deinen, damit du alle Wesen kennenlernst. Grüße nicht nur dich selbst im Glanz der Sonne, sondern alle Menschen und Wesenheiten um dich herum. Liebst du diese mit der gleichen Achtung, die du dir entgegenbringst, so breitet sich meine Liebe der Zusammenführung weit über die Welten der Tiere und Lichtwesen aus, welche du noch nicht als gleichwertig ansiehst. Deine Seele wird wachsen und reifen, und die Liebe, die du gegeben hast, wirst du tausendfach zurückerhalten. Sie wiederum wird dich erfüllen mit göttlichen Freude und irdischer Glückseligkeit."

(Engel Kofan / Stein: Roselith / Band 3)

Engel **Iahel** – Engel der Vereinigung

„Es gibt nicht nur die Wesen der hellen Seite, die du um dich scharst, die du mit unseren Botschaften beglücken möchtest und zu denen du dich zählst. Deine innere Mitte ist gestärkt und dein Licht stabil, gehe jetzt hinaus zu denen, die du nicht kennst. Nimm sie in deine Arme, reinige sie von ihrer Schuld und segne auch sie, selbst wenn du weißt, sie gehören nicht zu uns. Denn im Kern der Göttlichkeit gibt es nur eins: das Licht, das in jedem von uns steckt. Liebe deinen Feind, liebe das dunkle Wesen gleichermaßen wie du dich und die Wesen der hellen Seite vermagst zu lieben."

(Engel Iahel / Stein: Landschafts-Porzellanit / Band 3)

Engel **Ingethel** – Engel der Verbindung

„Meine Wirkung ist enorm, und wenn du meine Anwesenheit wünschst, so lehre ich dich die Magie der Verbindung von allem Stofflichen und Feinstofflichen. Die Harmonie und der Ausgleich ziehen dort ein, wo du dich aufhältst, und du führst somit indirekt, wie nur wir Engel es können, alle dir Nachfolgenden in die richtige Richtung: an das Ziel der Liebe der Göttlichkeit! Werde wie ich transparent und wirke im Stillen, denn nur das sind die wahren Wege von uns Engeln."

(Engel Ingethel / Stein: Phenakit / Band 3)

Lichtengel **Amilie** – Zukunftsengel der Liebe

„Sind dein Herz und deine Seele erfüllt von Herzlichkeit, Zärtlichkeit und Glücksmomenten mit uns Engeln? Wenn du übersprudelst und diese Freude sowie unsere Huld, die du bei uns erfährst, an andere weitergeben möchtest ... Wenn es deine Erfüllung ist, andere diese Liebe spüren zu lassen, dann reiche mir deine Hand und komme mit mir ...“

(Lichtengel Amilie / Stein: Topas rosa / Band 3)

Liebe (irdisch)

Engel **Amor** – Engel der Zusammenführung

„Ich drehe am Rad des Schicksals und bringe die göttlichen Vorhersehungen auf eurer Erde. Für mich brauchst du keinen Schwur der Ehe, für mich zählt nur die bedingungslose Liebe – die Menschen, die diese leben, führe ich zusammen.“

(Engel Amor / Stein: Mondstein / Band 1)

Engel **Spugliguel** – Engel der Liebenden

„Wie der Frühling, so komme auch ich. In meinen Händen ruhen die Entwicklung und Veränderung eurer Liebe und in jeder Beziehung. Dein erwählter Partner ist in der Nähe und wartet auf ein Zeichen von dir! Lege deine Wertvorstellungen oder Ansichten ab und folge dem Ruf des Himmels. Dein Lebensgefährte wird deutlich vor dir stehen und du so vor ihm. Reicht euch die Hände und erfreut euch an eurer zarten Liebe.“

(Engel Spugliguel / Stein: Vivianit / Band 1)

Engel **Haririm** – Engel des Herzens

„Wie ein Stern leuchtet meine Liebe, die dich tief im Herzen berührt. Setz dich auf meine Schwingen, und ich führe dich in das Reich der ganz besonderen Gefühle. Jede Seele sehnt sich doch danach, angenommen und geliebt zu werden, so wie sie ist ... Lebe so, wie ich es vorlebe, und die strahlende Göttlichkeit wird dich erfüllen.“

(Engel Haririm / Stein: Sternrosenquarz / Band 1)

Engel **Yushamin** – Engel der göttlichen Verführung

„Ich symbolisiere die weiße Lilie, die des Nachts blüht. Sie betört mit ihrem lieblichen Duft. Wenn ich bei dir bin, werde ich deine Sinne öffnen ... Ich bin kein Lehrer, jedoch ein Vermittler! Rufe mich, und ich werde dich in meine unnahbare, verführerische Aura hüllen. Ab jetzt werden dir alle Türen offen stehen ... und du wirst jedem den Kopf verdrehen!"

(Engel Yushamin / Stein: Regenbogen-Mondstein / Band 1)

Loslassen

Engel **Colopatiron** – Engel der Unabhängigkeit

„Ich bin Colopatiron, ein Engel, der dich von Zwängen, unerreichbaren Wünschen und selbst auferlegten Zielen befreit. Das Wichtigste ist, dass du erkennst, dass deine Denkweise dich einschränkt und vielen unter euch die Sicht auf Neues versperrt. Gib mir deine Hand, und wir durchschreiten die Ebene der Freiheit! Denn jetzt lebst du dein Leben und darfst mit Sorgen und Zweifeln diese schönste Zeit, nämlich die auf Erden, nicht vergeuden."

(Engel Colopatiron / Stein: Girasol / Band 2)

Engel **Hahaiah** – Engel der Bereicherung

„Nimm dich und dein Leben nicht so ernst! Höre mir zu, und ich zeige dir, dass alles immer zwei Seiten hat. Deine Probleme sind Nichtigkeiten. Hast du eine fröhliche, lockere Einstellung zum Leben, ist das wahrhaftig so. Dadurch lassen sich ganz andere Hindernisse verrücken. Wenn jeder danach handeln würde, so wären auch die großen Sorgen auf eurer Erde ganz und gar nicht mehr so unüberwindlich, sondern auflösbar!"

(Engel Hahaiah / Stein: Aventurin blau / Band 2)

Luft

Engel **Suuriul** – Engel der Windsprache

„Ich lehre die Sprache des Windes, denn er ist nur einer Sprache mächtig, doch in Verbindung mit dem Wasser auf der Erde, mit den Hütern, Sträuchern und Blumen ergeben sich Töne und Klänge, die sich, miteinander vermischt, in musikalische Botschaften verwandeln. Nimm die Weisheiten auf, die von Gott selbst kommen, bestückt mit den Botschaften von anderen, die etwas dazu beigetragen haben. Kannst du mich verstehen, wirst du alle anderen Wesen um dich herum auch verstehen!"

(Engel Suuriul / Stein: Hauyn / Band 3)

Engel **Missabu** – Engel der Luftweisheiten

„Es gilt nicht nur, die Botschaften des Windes zu erkennen und deuten zu können, sondern auch, sie zu verstehen! Reiche mir deine Hand, und ich lehre dich das Wissen, das in den Botschaften mitgetragen wird. Denn es verbirgt sich meist mehr dahinter als du erahnst. Es ist die Verbindung und Information der anderen Elemente und aller Baumhüter auf deiner Göttin, der Erde."

(Engel Missabu / Stein: Lazulith / Band 3)

Engel **Rikbiel** – Engel der Luftverbindungen

„Ich, Rikbiel, bin die Macht der Verwandlung und die Verbindung der Botschaften in den Lüften. Ich sorge dafür, dass eine Nachricht von einem zum anderen gelangt. Ich bin es, der deine Gedanken zu den Botschaften der Winde aufnehmen kann und bringe sie zu dem, für den sie bestimmt sind. Nutze die Kräfte der Natur und mache sie sich dir zueigen. Forme durch mich deine Gedanken in die Mission um, die du auf der Erde ausführst! Denn diese Botschaft wird es sein, die andere Lichtwesen miteinander verbindet und ihnen immer den richtigen Weg weist."

(Engel Rikbiel / Stein: Kurnakovit / Band 3)

Engel **Aischim** – Engel der Luftriten

„Ich bin für dich die Verbindung in die vier Welten der Lüfte und lehre dich, selbst derjenige zu sein, der Winde, Stürme oder Böen herbeiruft, um die dir mitgeteilten Botschaften weit hinaus in die Welt und in die Ebenen zu verkünden. Es bedarf der Vorsicht und der Erlaubnis des hohen Gerichtes, dass du einst selbst zum Führer der Lüfte auf dieser Erde wirst. Nur dem Auserwähltem werden dann die Geschicke und Stärken der Winde in die Hände gelegt."

(Engel Aischim / Stein: Eisenerz / Band 3)

M

Magie

Lichtengel **Ashariel** – Engel der Transparenz

„Es ist oft schwer, hinter die äußeren Verschönerungen zu blicken, doch genau dafür bin ich da! Alles um dich herum, Menschen, Tiere, Gegenstände werden durch mich transparent, und du kannst durch sie hindurchsehen wie durch Fensterglas. Du wirst durch mich fühlen, sehen und hören, wie es dein Gegenüber vermag, und du wirst dich durch mich in jegliche Form verwandeln können. Ob in ein Geschöpf oder nur in den Sauerstoff, der im Raum schwebt. Es ist mein Ziel der Verwandlungskunst, unerkannt das zu erreichen, was sonst niemandem gelingt."

(Lichtengel Ashariel / Stein: Heliodor gelb / Band 3)

Engelfürst **Dachmorel** – Verwandlungsengel der Magie

„Ich forme deinen Willen an Werken und Zielen, die dir bislang fremd erschienen, und ich vereine in dir meine Magie, Kraft und Stärke! Du wirst durch mich die Energien der Elemente beherrschen, kontrollieren und miteinander verbinden, um mit ihrer Hilfe etwas Neues zu formen. Bist du ein guter Schüler meinerseits und gehört mir deine ganze Aufmerksamkeit, so werde ich dich in Bereichen unterrichten, die dir bei deinem Auftrag immer nützlich sein werden! Denn jede Aufgabe wird gezielter und leichter durchgeführt mit meiner Hilfe der Magie und Zauberei!"

(Engelfürst Dachmorel / Stein: Saphir rot / Band 3)

Lichtengel **Lauviah** – Engel der Zauberei

„Ich bin die Leuchtkraft Gottes. Mein Wissen sind Bannformeln und Rituale, deren Ausführungen deine Welt verändern. Meine Weisheit lehrt dich, alle deine Sorgen in die Wunder deines Lebens zu verwandeln. Meine Kräfte, die ich dir beibringe, vermögen alles umzuwandeln und zu dem Kern zurückzubringen, den sie einst in sich trugen. Harte Worte verändern sich in weiche, Sturheit in Sanftheit, Hass in Liebe und Unwissenheit und Zweifel in den Glauben an Gott. Es sind nicht die Gegenstände, deren Veränderung ich dich lehre, sondern die der Seelen und deren Lichter. Beherrschst du diese Kunst, so wirst du, so wie auch ich es bin, ein ‚Engel der Magie' sein."

(Lichtengel Lauviah / Stein: Tugtupit / Band 3)

Engel **Conioli** – Engel der Anwendung

„Ich, Conioli, werde an deiner Seite sein, damit keine Unordnungen in Wort und Tat entstehen. Mein Name bedeutet in der Sprache des Lichtes übersetzt: ‚Bewacher der Aufgaben aller zukünftigen Engel'. Ich, Conioli, hüte deine hier erworbenen Sinneseindrücke sowie das angehäufte Wissen über Formeln und Riten und werde dein Lehrer in allen praktischen

Umsetzungen dieser erworbenen Fähigkeiten sein, die du von anderen Engeln in unseren Ebenen gelehrt bekommt hast, egal, wie wirr oder schwer sie dir auch auf der Erde einsetzbar zu sein scheinen.“
(Engel Conioli / Stein: Feuercalcit / Band 3)

Engel **Faunael** – Verwandlungsengel der Natur

„Meine Verwandlung lehrt dich, von einer dritten Warte aus, der der Natur, deine Mitmenschen betrachten zu können. Denn bist du eine Pflanze in der Nähe der Menschen, so erfährst du, wie dieses Lichtwesen, dessen Form du angenommen hast, ‚über' diesen Menschen denkt. Pflanzen sind unparteiisch und geben dir immer den Einblick, den du weder als Mensch selbst noch als ein verwandelter stummer Gegenstand erhalten kannst!“
(Engel Faunael / Stein: Phlogopit / Band 3)

Engel **Dohares** – Verwandlungsengel in Menschen

„Ich grüße dich, mein Kind, ich bin Dohares und lehre dich, dich in deine Mitmenschen versetzen zu können. Egal, in welche Person … du wirst ‚eins' mit ihr werden. Sie wird durch meine Kräfte der Magie die gleiche wie vorher sein und diese Veränderung nicht bewusst wahrnehmen. Hingegen, wenn die dunkle Seite sich ihrer bemächtigt, so wird es die betroffene bemerken… denn Macht, Gier, Zorn und auf Rache sinnende Gedanken vereinnahmen sie und nehmen gravierenden Einfluss auf ihr Leben.“
(Engel Dohares / Stein: Turmalin-Katzenauge / Band 3)

Engel **Girmil** – Lichthüter der Seele

„Ich versuche, alle Seelen auf der Erde zu hüten, denn nach den Engeln der Verwandlungskunst, Magie, Riten und Bannformeln verliert so manche Seele den Bezug zum eigenen Leben und all ihren irdischen

Aufgaben! Ich werde es sein, der dich bremst, nicht weiter zu gehen als bis an jenen Punkt, den ich für dich vorgebe. Denn die Magie der Energien sollte langsam auf der Erde realisiert werden. Folgst du meiner Vorsicht, so wirst du eines Tages alles verinnerlicht und umgesetzt haben und stärker und mächtiger als alle anderen um dich herum sein, die diese hohe Kunst der Magie je erlernen durften."
(Engel Girmil / Stein: Amethyst-Chalcedon / Band 3)

Meditation

Engel **Emfalion** – Engel der inneren Ruhe
„Der Grundstein deines Lebens ist die Sicherheit in dir selbst. Suche mit mir den Rückzugsort, der in dir bereits vorhanden ist. Du kannst dich dort aufladen, zur Ruhe kommen und reflektieren. Es ist euer Zentrum, eure Kraft, eure Liebe und eure Verbindung zu uns Engeln und allen anderen Lichtwesen. Fülle, Stabilität und das Vertrauen in dich selbst sind mein Ziel für dich und der Beginn der Suche nach dir selbst."
(Engel Emfalion / Stein: Selenit / Band 2)

Engel **Leilael** – Engel der Stille
„Übergib mir deinen gedanklichen Ballast, denn erst dann finden wir zur inneren Ruhe. Vergiss für eine Weile deine Familie, deine Arbeit und dein Tun. Meine Worte werden an diesem geweihten Ort, in dir selbst, wie heilige Rhythmen sein und dich einschwingen in neue Wellen der Gedankengänge, die du bislang noch nicht kanntest."
(Engel Leilael / Stein: Chrysanthemenstein / Band 2)

Engel **Melequiel** – Engel der Sicherheit
„Mit Ruhe und Besonnenheit kommen die besten Ergebnisse zustande. Nimm dir die Zeit für dich selbst, für Erkenntnisse und Erfahrungen und höre uns einfach nur zu. Der Rest wird von alleine geschehen, und

das Licht, von dem ich spreche, wird erstrahlen, bis du deinen eigenen Weg klar und deutlich vor dir erkennst.“
(Engel Melequiel / Stein: Wollastonit / Band 2)

Engel **Kosem** – Engel des Einklangs
„Wie die Luft um ein klingendes Glockenspiel schwinge ich mich auf dich ein. Deine Energiezentren beginnen, sich wieder zu öffnen und deine Kraft zu fließen. Gefühle und Erinnerungen weichen und schaffen Platz für Neues ... Atme tief ein, mein Kind, und genieße diesen Zustand der Ausgeglichenheit. Aus dieser Ruhe heraus stehen dir alle Türen zu uns Engeln und den Ebenen offen.“
(Engel Kosem / Stein: Turmalin polychrom / Band 2)

Mobbing

Engel **Nuriel** – Schutzengel bei Mobbing
„Ich wehre alles von dir ab, was durch die Macht der Gedanken entstand: Verwünschungen, Neid, Eifersucht, Hass, Habgier und Anfeindungen fliegen wie ein Bumerang zurück ... dorthin, woher sie gekommen sind. Du wiederum wirst von mir in den Nebel des Unscheinbaren gehüllt, um deinem eigenen Weg weiter folgen zu können.“
(Engel Nuriel / Stein: Muskovit / Band 1)

Engelfürst **Emhom** – Schutzengel der Bannformeln
„Ich schreite ein, wenn die Anfeindungen nicht nur von Menschen, sondern auch von Geistwesen kommen. Die Macht der menschlichen Gedanken ist stark, die Macht der Schattenwesen noch viel stärker! Ich werde dir Bannformeln zuflüstern, die diese Mächte neutralisieren und außer Kraft setzen. Deine Angst wird sich mit mir in Stärke und strahlenden Willen verwandeln, die alles erreichen.“
(Engelfürst Emhom / Stein: Scheelit / Band 1)

Motivation

Engel **Trasorim** – Sonnenengel der Lebensbejahung

„Ein Ruf von dir – und ich nehme teil an deinen Energien, die ich in meine tausche. Ich bin Engel Trasorim und wandle alles um, Dunkelheit in Licht, Entmutigung in Motivation und Lustlosigkeit in Tatendrang. Es gibt nichts, was nicht zu schaffen wäre, denn das ist mein Auftrag, den ich an dir erfülle.“

(Engel Trasorim / Stein: Cappuchino-Jaspis / Band 2)

Engel **Balcak** – Engel der Motivation

„Mit mir wirst du niemals schwach, müde und unkonzentriert! Deine Aufgaben werden alle bewältigt! Dein Erfolg ist dir sicher! In meiner Anwesenheit geht es dir gut, und du bist motiviert, deine Arbeit mit Freude zu verrichten. Es sind die positiven Aspekte deines Lebens, die deine Gedanken verändern und dir somit helfen, jede Tätigkeit leichter und in Ruhe abzuschließen.“

(Engel Balcak / Stein: Apatit blau / Band 2)

Engel **Core** – Engel des Erwachens

„Ich bin wie der Frühling, der immer wiederkehrt. Mit mir kommen Kraft, Dynamik und Freude am Leben. Ein Wort von dir genügt, und ich stärke dich mit der Ausdauer und der Hoffnung für deinen weiteren Weg. Langsam, aber bestimmt und innerhalb kurzer Zeit erfüllt dich mein Licht, das das Feuer der Erde symbolisiert.“

(Engel Core / Stein: Flammachat / Band 2)

Musterauflösung

Engel **Morilon** – Engel der Veränderung

„Merkst du nicht, dass du immer wieder in die gleiche Situation gerätst? Du befindest dich in einem Spiel der ständigen Wiederholung. Ich zeige dir Muster, die daran schuld sind. Erst wenn diese geändert sind, wird sich dein Leben endlich nach vorne bewegen. Denn es geht uns um das Verinnerlichen und Verändern einer Handlung und nicht um den Fehler, der geschehen ist!“

(Engel Morilon / Stein: Rhodochrosit / Band 2)

N

Naturbewusstsein

Engelfürst **Luganori** – Engel des allumfassenden Wissens

„Ich bin der Hüter der alten Gesetze, des Wissens und der göttlichen Weisheit. Jede Lebensform und Lichtgruppierung ist mit mir verbunden. Wenn ich dich erwähle, weihe ich dich ein in die Existenz allen Seins.“

(Engelfürst Luganori/ Stein: Turmalin Uvit / Band 2)

Engel **Anahita** – Engel der göttlichen Sinnesfreuden

„Endlich darf ich dich führen in das Reich der Natur und der göttlichen Schöpfung. Sei es in die Wälder, an Bachläufe oder in Wiesen ... Auf hohen Bergen, in Tälern, an Seen oder Meeren ... Ich führe dich

überallhin, wozu deine Seele sich hingezogen fühlt. In tiefer Verbundenheit zu allem Leben öffne ich dir gerne das Tor zur Natur mit allen Wesenheiten, Pflanzen und Schwingungen.“
(Engel Anahita / Stein: Kupferchalcedon / Band 2)

Engel **Amureel** – Engel der Naturverbundenheit
„Du bist ein Wesen wie viele hier auf dieser Erde. Ein Insekt ist gleichfalls ein Geschöpf Gottes! Nur betrachtest du es gar nicht oder mit Widerwillen. Komm mit mir, und ich zeige dir die Welten der Wesenheiten, die du bislang nicht kanntest. Denn jedes von ihnen ist ein wundervolles Geschöpf mit einzigartigen Fähigkeiten!“
(Engel Amureel / Stein: Azurit-Pseudomalachit / Band 2)

Engel **Urim** – Engel der alten Welt
„Die Gesetze des Universums unterliegen mir, und ich hüte diese wie mein Licht Gottes, das in mir ruht. Wenn ich, Urim, dich aufsuche, so ist es mein Auftrag, dich in diese Mysterien der Macht einzuweihen. Nur weiterentwickelten Seelen steht es zu, diese Geheimnisse zu erleben. Wer die Wahrheit Gottes auf der Erde unter seinesgleichen erkennen kann, hat sie verinnerlicht.“
(Engel Urim / Stein: Orthoceras /Donnerkeil / Band 3)

Engel **Elion** – Engel der alten Kulturen
„Mit mir fühlst du die Natur, du hörst die Stimmen der Bäume und verstehst die Sprache des Windes … Verwurzele dich mit der Erde und verbinde dich mit dem Himmel. Das Wissen der Bäume ist alt, ihre Ruhe stark und die Erdung von Nöten. Öffne dich mir, und nimm die Weisheit der alten Häuptlinge in dir auf, denn sie tragen das Wissen der Neuzeit in sich.“
(Engel Elion / Stein: versteinertes Holz / Band 3)

Neid

Engel **Capipa** – Engel der Materialisierung

„Du arbeitest viel und blickst dennoch neiderfüllt auf andere, dass diese ihre Früchte schneller ernten können als du. Vertraue dich mir an, und deine Bedenken lösen sich auf wie ein feiner Nebel. Jeder Mensch geht seinen eigenen Weg, um daraus zu lernen. Ich alleine entscheide, wann Ruhm, Ansehen, Macht und Reichtum angebracht sind, und ich wiederum werde diese gerecht unter euch verteilen."

(Engel Capipa / Stein: Pyromorphit / Band 1)

Engel **Ranar** – Engel der Besessenheit

„Du musst nicht immer alles haben, was du siehst und meinst, unbedingt zu benötigen. Zwanghaftes Verhalten im Wunsch nach Besitz und Habseligkeiten bringen dir nur Kummer ein. Du siehst nämlich nicht mehr, wie reich du bereits bist! Du hetzt von einem Glück zum anderen, ohne zu merken, wie unwichtig das alles ist ... Du machst dich und andere damit unglücklich, und dein besessenes Verhalten verjagt auch noch deine letzten Freunde um dich herum."

(Engel Ranar / Stein: Poppy-Jaspis / Band 1)

Engel **Oromonas** – Engel der Freigiebigkeit

„Knauserigkeit und Geiz sind Eigenschaften, die ich verabscheue. Hilfsbereite Menschen weichen dadurch von deiner Seite, Betrüger werden hiervon angezogen und holen sich mit List und Tücke deinen Besitz. Öffne mit meiner Hilfe dein Herz, und das Gleichgewicht wird sich wieder einstellen."

(Engel Oromonas / Stein: Hämatit-Rutil / Band 1)

Neubeginn

Engel **Beleguel** – Engel der Umwandlung

„Deinen Wunsch nach Veränderung spüre ich nun, und ich werde deine Entscheidungen in einen Neubeginn umwandeln. Doch anstatt ihn anzunehmen ... was sehe ich jetzt bei jedem von euch? Die Angst, etwas Neues anzupacken! Keine Sorge, es ist nichts so schlimm und so schwierig, wie du es momentan wahrnimmst oder es dir gedanklich ausmalst. Eines ist gewiss, ohne es nicht zu versuchen und alles zusammenzufügen, kannst du nicht vorankommen."

(Engel Beleguel / Stein: Pietersit / Band 2)

Engel **Nemaniah** – Engel des Neubeginns

„Ich bin ein Engel der Veränderung. Meine Anwesenheit erhöht deine Widerstandskraft, und mit mir lassen sich alle neuen Unternehmungen, und seien sie noch so schwer für dich, leichter bewerkstelligen. Denn hierfür bin ich hier, dein Begleitengel auf allen neuen Wegen, die noch nicht beschritten sind. Mit Bedacht und Überlegung wirst du mit mir wissen, welcher Weg ein Umweg ist und welcher direkt in das Licht Gottes führt."

(Engel Nemaniah / Stein: Kimberlit / Band 2)

Engel **Sosoel** – Engel zum richtigen Zeitpunkt

„Ich bin ein Engel der Erkenntnis und Veränderung. Vertraue dich mir an, und es wird sich ein Wandel in deinem Sinne vollziehen ... Denn es sind der Glaube und das Vertrauen, die du mir entgegenbringst, die letztendlich alles verändern."

(Engel Sosoel / Stein: Aktinolithquarz / Band 2)

Engel **Vohnis** – Engel der grundlegenden Veränderung

„Ich bin Vohnis, Engel der grundlegenden Veränderung. Bei jeder Wendung deines Lebens kannst du selbst auf die Zukunft ausgerichtet entscheiden … doch dann, wenn ich komme, gibt es kein Zurück mehr! Strukturen in deinem Leben ändern sich erst, wenn an der Wurzel des Problems gearbeitet wird. Es ist nicht leicht, jedoch auch nicht zu schwer. Vergiss nie, dass du niemals alleine bist, und eines ist sicher: Dein Leben nimmt endlich die Wende ins Positive!“

(Engel Vohnis / Stein: Alabaster / Band 2)

Engel **Jirthiel** – Engel der Wiedergeburt

„Ich, führe euch an die Weggabelungen des Lebens und zeige euch die Neuanfänge. Es bedarf nicht einer gänzlichen Änderung deines Lebens, sondern nur einiger Abwandlungen, die allerdings sehr von Nöten sind, damit du weiterkommst! Begleite mich, und ich zeige dir, dass die Wiedergeburt immer und überall möglich ist. Es wird für dich eine Erfüllung sein, deine Fehler zu erkennen ... und doch das Wissen zu haben, jederzeit wieder von vorne beginnen zu können.“

(Engel Jirthiel / Stein: Jaspis-Opal / Band 2)

Engel **Kolani** – Begleitengel der Auserwählten

„Ich werde mit dir gehen, denn ich bin ab nun dein neuer Begleiter. Ich bin die stille Führung eines jeden Auserwählten. Ich darf dich sowie jeden anderen an die Liebe und an das Licht Gottes erinnern, sobald er diese aus den Augen verloren hat. Ich bin der Engel des spirituellen Tanzes, der euch immer an die Leichtigkeit von uns Engeln erinnern soll ... Mit Offenheit und Freude allen Menschen und Lichtwesen gegenüber!“

(Engel Kolani / Stein: Paraiba-Turmalin rosa / Band 3)

Engel **Amipesodiah** – Engel der Festigung

„Halte dich an die Regeln und überspringe keine Entwicklung! Neuanfänge und Wiedergeburt sind jederzeit möglich, doch nur ein gutes Fundament lässt das darauf erbaute Haus sicher und fest stehen! Ein Stein nach dem anderen muss sorgfältig aufeinandergeschichtet werden. Nur so hält es danach jeder Witterung stand!"

(Engel Amipesodiah / Stein: Honig-Calcit / Band 2)

Engel **Aregos** – Lehrer der Veränderung

„Ich, Aregos, verändere dein Bewusstsein und kann dich lehren, dies selbst an dir zu vollbringen. Mein Licht ist warm und stärkend. Es verhilft zum schnelleren Verstehen meiner Worte. Stelle dich über dich, und verändere mit diesen Fähigkeiten dein Leben mit all seinen störenden Einflüssen."

(Engel Aregos / Stein: Mookait / Band 2)

Notsituation

Engelgruppe **Ikarusengel** – Engel der Extremsituationen

„Du wirst immer auf Hürden in deinem Leben treffen, an denen es zwei Möglichkeiten gibt: Aufgeben oder Weitermachen. Das Zweite ist schwieriger, doch wenn die erste Barriere einmal überwunden ist, ist die nächste viel leichter zu nehmen. Nur durch das Überwinden und Annehmen von Situationen oder Prüfungen unsererseits wirst du wachsen und reifen. Schaffst du es nicht alleine, so werden wir bei dir sein und dir helfen!"

(Engelgruppe Ikarusengel / Stein: Orange-River-Chalcedon / Bd1)

O

Offenbarungen Gottes

Großfürst **Chaniel** – Engel der göttlichen Offenbarungen

„Mit mir siehst du ‚wirklich' hinter die Szenerien deines Lebens und hinter die der anderen um dich herum. Wenn du mir vertraust, so zeige ich dir, dass alles seinen Grund hat. Auch wenn es nach Zerstörung aussieht, ist es oft notwendig, einen Baum zu fällen … erst dann kann ein neues Bäumchen daraus hervorgehen. Ein Wort deinerseits, und ich werde anwesend sein … Trägst du die Lichter der Engel in dir, die die Farben der Erzengel symbolisieren, so werde ich bei dir bleiben und dich weiter führen."

(Großfürst Chaniel / Stein: Goldschein-Obsidian / Band 2)

Engelfürst **Bachmetel** – einer der ältesten Engel der alten Welt

„Seit Urzeiten bin ich Hüter der Erde und die Verbindung zu den Energien und Schwingungen der Sterne. Seit dieser Zeit hat sich viel verändert, doch ich begleite dich und bin höchster Lehrer für Weisheit, Lehre und Verbindung des Göttlichen. Jeder Mensch wurde auf diese Erde geboren, um seiner Aufgabe der Seelenfamilie nachzukommen und zu reifen. Sollten Zweifel und Hilflosigkeit dich übermannen, so werde ich dir mit meiner Führung beistehen. Ich sende den richtigen Lehrer und sorge dafür, dass es dir auf deinem Wege an nichts fehlt. Stärke, Wissen, übernatürliche Kraft und Wohlstand erfüllen sich durch mich, in dem Maß, wie es für jeden von euch angemessen ist und ihr euch dadurch sorgenfreier, gezielter und schneller entwickeln könnt."

(Engelfürst Bachmetel / Stein: Saphir grün / Band 1, 2)

Engel **Ezechiel** – Engel der tiefen Vereinigung

„Wenn ich bei dir sein darf, breite ich meine Flügel über dich aus und lasse meine Verbindung in dich fließen wie die Sonne ihre Wärme im Abendlicht. Tiefe Treue verbindet mich mit dir und wird sich niemals mehr lösen. Ich, Engel Ezechiel, komme aus dem Element Wasser und bringe in dieser Feinstofflichkeit die Göttlichkeit in jede Faser zu dir und deiner Erde. Zugleich sind es die Wellen der Schwingung, die alles miteinander in der Liebe Gottes, des Glaubens und seiner Barmherzigkeit verbindet."

(Engel Ezechiel / Stein: Goshenit / Beryll weiß (farblos) / Band 3)

Engel **Arakiel** – Engel des Himmels

„Wenn die Zeit reif ist, so wie jetzt bei dir, werde ich zu dir gesandt. Du hast bis zu diesem Punkt viele Geheimnisse des Himmels anvertraut bekommen. Ich bin das Zeichen der Veränderung, auf neue Welten zuzugehen, die du bislang noch nicht kanntest. Denn die göttliche Herrlichkeit existiert überall, nur in anderen Formen und Schwingungen. Du wirst noch lernen, dass in allem der göttliche Kern ruht und dass die Dunkelheit zu gleichen Teilen wie die Helligkeit auch in dein Leben gehört! Ohne sie könntest du nicht zu einem von uns Engeln werden. Dies zu verstehen, zu erkennen und zu akzeptieren ist das Bewusstsein der neuen Welt."

(Engel Arakiel / Stein: Andenopal azur / Band 3)

Engel **Nimalon** – Engel der Weiterentwicklung

„Ich bin dein Lehrer und Übersetzer der kosmischen Energien. Bist du auserwählt und wahrhaftig in unseren Lehren, so entwickle ich in dir die Intelligenz, zu kommunizieren mit allen Wesenheiten, weit über deine Erde hinaus. Wir sprechen die Sprache des Lichtes, nimm teil an unseren Botschaften, an unserem Leben und Wirken. Ich führe dich in alle Ebenen und unterrichte dich weiterhin in allen Schwingungs-

frequenzen, bis du den letzten Engel unserer Reihen kennengelernt und studiert hast. Wenn ich von dir fortgehe, bist du weiser als ich selbst.“
(Engel Nimalon / Stein: Richterit / Band 3)

Engel **Afolono** – Engel der göttlichen Weisheit
„Vertraue dich mir an, und ich zeige dir das Wissen und die Fähigkeit zur Kommunikation mit allen Lichtwesen der Elementarwelten und der jeweiligen Ebenen. Kombiniere deine Gefühle, dein Bewusstsein und den Überblick, den du dir bisher über alles verschafft hast und erhebe dich aus den Mustern deines bisherigen Lebens. Betrachte alles aus dem Blickwinkel von uns Engeln, denn das kann dir niemand mehr nehmen!“
(Engel Afolono / Stein: Saphir blau / Band 3)

Optimismus

Engel **Timira** – Engel der Harmonie
„Ich bin Timira, Engel der Idealisten. Ungleichheiten gleiche ich aus und lasse euch alles mit Offenheit und Neutralität betrachten. Jedoch nicht pessimistisch, sondern immer von Optimismus und Freude erfüllt. In meiner Anwesenheit wird jeder fröhlich und sieht in allem wieder nur das Gute!“
(Engel Timira / Stein: Ametrin / Band 1)

Engel **Emnuyir** – Engel der überzogenen Optimisten
„Ich bin der Engel für überzogene Optimisten. Sie sehen in allem nur die reine Glückseligkeit. Auch im eigenen Tod oder im Verletzen von anderen. Bevor wirklich Schlimmes passiert, hülle ich diese Menschen in mein kühles Licht und normalisiere ihre Gedanken. Danach ordne ich ihre Handlungen, Überlegungen und Vorstellungen und komme mit ihnen zur Ruhe und Besinnung. Erst danach lasse ich sie wieder los.“
(Engel Emnuyir / Stein: Chrom-Grossularit / Band 1)

Engel **Aladiah** – Engel des Pessimismus

„Es gibt Menschen bei euch auf der Erde, die immer alles nur schwarzsehen. Nichts ist gut genug und wird sofort niedergemacht. Lob verwandeln sie in Tadel. Gute Taten enthalten für sie Fehler ... all das, was nicht der Richtigkeit entspricht! Ich kenne diese Gesetze der Disharmonie und bin für ihren Ausgleich ausgebildet. Ich werde niemals aufhören, daran zu arbeiten und für euch da zu sein!"

(Engel Aladiah / Stein: Obsidian schwarz / Band 1)

Orientierung

Engel **Herich** – Engel der Orientierung

„Wirft dich jedes Problem aus der Bahn? Wiederholst du jede Arbeit zwei- oder dreimal, bis sie erfolgreich wird? Es wird dir mit mir leichter fallen, zu verstehen, zu lernen und zu praktizieren. Letztendlich wirst du derjenige sein, der alles beherrscht. Freude wird aufkommen bei all deinem Tun, und diese Freude ist es, die alles erleichtert."

(Engel Herich / Stein: Smaragdquarz / Band 1)

P

Pflanzenkommunikation

Engel **Raschea** – Engel der Pflanzenkommunikation

„Die kleinsten Wesen und Devas wohnen in den Blüten der Blumen. Höre ihre Lieder und verstehe ihre zarten Worte. Es ist ein Reich der Fülle und Lieblichkeiten. Die wundervollste Welt wird sich dir eröffnen,

und du wirst mit mir lernen, dich selbst mit ihnen zu unterhalten. Es wird eine Bereicherung für deine Seele sein, mit ihnen zu leben."
(Engel Raschea / Stein: Malachit / Band 2)

Engel **Afryca** – Engel des Naturreiches
„Einssein mit der Natur bedeutet, auch mit Gott und mit uns Engeln auf einer Schwingung zu sein. Du wirst mit mir beginnen, die Sprache der Bäume zu lernen, die Bewegung der Blätter zu deuten, die Gesten der Blumen wahrzunehmen und die Launen des Windes für dich zu erkennen. Du wirst dies alles in deine Sprache und in dein Denken umsetzen. Du wirst sie nicht nur hören, sondern auch verstehen ... Denn so soll es sein, wenn ich bei dir bin!"
(Engel Afryca / Stein: Stromatolith / Band 2)

Engel **Gomognu** – Engel der richtigen Handhabung
„Ich bin Gomognu. Engel der Sprachen, der Übersetzung, der Eingebung und der Wahrnehmung aller Blumen und Gräser. Mit mir lernst du die Deutung und die richtige Übersetzung aller Sprachen, welche die Natur je geboren hat. Jedes Lichtwesen hat seine eigene Sprache, jede Blühpflanze eine eigene Schwingung und jeder trägt sein eigenes göttliches Wissen in sich! Wenn du dich öffnest für meine Lehren, wirst du bereichert von der Göttlichkeit, die um dich herum lebt und blüht."
(Engel Gomognu / Stein: Zinkit / Band 3)

Engel **Bagaloni** – Engel des Räucherwerks
„Wenn du dich mit Räucherungen auseinandersetzt, so solltest du auch die Kommunikation mit der aufsteigenden Pflanzenseele erlernen. Denn diese opfert sich, um dir eine Botschaft zu überbringen

oder deine Nachricht an einen weiteren Engel auszurichten. Rufe mich, und ich lehre dich diese Sprachen. Halte dir vor Augen, dass es eine Pflanze mit tiefer Traurigkeit erfüllt, wenn sie gebrochen, getrocknet und geopfert wurde ... und das ganz ohne Grund."
(Engel Bagaloni / Stein: Hypersthen / Band 3)

Postboten

Engel **Mennolika** – Engelbote der Dankbarkeit

„Der Dank von dir an uns öffnet dir alle Türen, und wir hegen den Wunsch, näher bei dir zu sein. Alles ist einen Dank wert, nicht nur dein Leben, sondern deine ganze göttliche Existenz. Jeder Atemzug, jeder Schritt, jeder Gedanke ... Fühle in dich hinein und reflektiere … du weißt, wo du mich finden kannst, und ich werde deinen Dank an den jeweiligen Engel zügig weiterreichen."
(Engel Mennolika / Stein: Larvikit / Band 1)
Wiederholung aus dem Kapitel: „Dankbarkeit"

Engel **Malaika** – Engelbote der Liebe

„Ich verhelfe dir zu der Fähigkeit, die Liebe in dir selbst zu finden und die Beziehungen zwischen Seelen, Menschen, Tieren und Lichtwesen aufzubauen und zu festigen. Gerne hole ich andere Engel aus unserer Legion zur Hilfe, damit du alle Zusammenhänge verstehen kannst, die für dich noch im Verborgenen liegen. Betrachte die Situation aus unserer Warte und erkenne die Herzenswärme und Güte, die in jedem Lebewesen ruhen. Es wird deine Seele sein, die alles miteinander verbindet und immer die Wahrheit sprechen wird, die jeder versteht. Kummer und Sorgen gehören der Vergangenheit an, denn die reine, göttliche Liebe siegt immer – egal über welche Dunkelheit … "
(Engel Malaika / Stein: Nissonit / Bote von Chamuel)

Lichtengel **Saliah** – Engel der Dynamik

„Nicht für irdische Entscheidungen bin ich zuständig, sondern lediglich für die geistigen Bereiche. Wenn du nicht mehr weißt, welcher Weg der deinige ist, welche Aufgabe du für dich erwählen möchtest und welcher Engel an deiner Seite stehen soll … dann rufe mich, und ich werde dich mit meiner Kraft in die richtige Richtung lenken."

(Lichtengel Saliah / Stein: Calcit rot / Band 3 / Bote von Uriel)

Engel **Golemi** – Verbindungsengel der Engel

„Ich werde dir in jedem Moment weiterhelfen und dir den Namen des jeweils gesuchten Engels nennen, jedoch rufen solltest du ihn selbst! Das Feingefühl und die Offenheit, wie du mit welchem Engel, welcher Welt oder Ebene umgehst, auch das kann ich dir erklären. Ich kenne sie alle, das ist meine göttliche Aufgabe. Denn das Licht deiner Seele ist die Stimme deines Herzens. Und nur, wenn du mit dieser zu uns Engeln sprichst, formen sich daraus die wirklichen Bedürfnisse und Wünsche ... mit der Wahrheit, die tief in dir im Verborgenen liegt."

(Engel Golemi/ Stein: Sodalith / Band 3 / Bote von Michael)

Engel **Korneel** – Führungsengel aller Wege

„Es gibt keine Wege, die nicht begehbar sind. Schließe deine irdischen Augen und Ohren und öffne deine von Gott gegebenen Fähigkeiten! Deine Seele ist stärker, kräftiger und leistungsfähiger als du dir vorstellen kannst! Ich werde es sein, der über dir wacht und dir den rechten Engel der Führung zur Seite stellt, damit du deine Wege und Ziele immer erreichen kannst. Sei mutig und äußere deine Meinung, auch du bist ein Geschöpf Gottes. Nur du wirst es sein, der in schwierigen Situationen die Ruhe und Balance in sich trägt, um für andere mitzuentscheiden, wohin die Pfade ins Licht führen ..."

(Engel Korneel / Stein: Parisit / Bote von Azrael)

Engel **Poiel** – Engelbote der Lebenserhaltung

„Rufe deine Wünsche nicht frei in den Raum, hierfür gibt es viel zu viele Wesenheiten, die sie abfangen. Ich, Poiel, bin dein Bote, um deine Bitte dem jeweiligen Engel auszurichten. Ich bin klein, schnell und zuverlässig. Rufe mich, und ich bin bei dir … denn ich kenne jeden Engel und weiß, wo der gesuchte, der für deine Situation der passendste ist, sich aufhält!"

(Engel Poiel / Stein: Zinkblende / Band 1 / Bote von Raphael)

Engel **Arella** – Engel der Lebensfreude

„Sind dein Leben, deine Arbeit, dein Wirken auf dieser Erde wirklich so schlimm, wie sie dir momentan scheinen? Ich helfe dir, wo ich kann, damit du dein Lebensziel mit Freude und Wärme erreichen wirst. Mein unerschütterlicher Wille und mein Gleichgewicht verhelfen dir dazu, alles zu erreichen, was du dir für dein Leben vornimmst. Denn ich bin kein Engel, der dich lehrt, für andere da zu sein. Ich bin es, der dich an dein eigenes ‚Ich' führt. Lebe, wie dein Leben von Gott gegeben wurde – in Freude, Licht und Fröhlichkeit – allein so sollte es auch sein!"

(Engel Arella / Stein: Svabit / Bote von Jophiel)

Engel **Satarel** – Engel des hohen Rates

„Entscheidungen sollten wohlbedacht sein, denn sie sind es nämlich, die dir dabei helfen, auf deiner Erde als entwickelte Seele zu überleben. Wäge Risiko und Sicherheit ab, kontrolliere gleichermaßen, wie du vertrauen kannst und verbinde Gefühl und Intellekt miteinander. Ich werde dir die Engel Zadkiels bringen, die dir den Widerstand verleihen, dein Bewusstsein erhöhen und den Prozess der eigenen Entwicklung zum Abschluss bringen. Irgendwann wirst du nicht mehr der sein, der die Fragen stellt – sondern der, der seinen Mitmenschen die Antworten gibt."

(Engel Satarel / Stein: Katophorit / Bote von Zadkiel)

Engel **Gethel** – Engel der kleinsten Wunderwelt

„Ich lehre dich das Sehen der Devas und Naturwesen. Ich bin dein Vermittler zu den kleinsten Wesenheiten, damit du ihre Gefühle, ihre Eindrücke und verborgenen Wünsche kennenlernen kannst. Wenn du sie als großer Mensch nicht siehst, liebst und achtest, hast du in der Welt von uns Naturengeln nichts zu suchen! Es genügt nur ein unbedachter Schritt, und du zerstörst diese wundervolle Welt!"

(Engel Gethel / Stein: Apatit rosa / Band 3 / Bote von Ariel)

Lichtengel **Nithaiah** – dein persönlicher Ratgeber

„Ich bin der göttliche Ratgeber für jede Situation. Wenn du nicht weiter weißt – ob mit Wort oder Tat – so ich stehe an deiner Seite. Ich bin dein persönlicher Botschafter, höre mir all deine Bedenken an und gebe dir die Antwort aus der Sicht eines Engels. Wir beide finden damit eine Lösung für jedes Problem – egal, aus welchem Bereich."

(Lichtengel Nithaiah / Stein: Nickelin / Band 3 / Bote von Metatron)

Engel **Cadiel** – Engel der Rechtsprechung

„Ich bin der Engel der feinstofflichen Ebene. Ich überbringe die Botschaften der Legion Sandalphons. Erbitte die Erlaubnis, in unserer Mitte zu verweilen, und du wirst alle Informationen erhalten, die du für deine irdischen und göttlichen Aufgaben benötigst. Ich werde es sein, der dich in tiefer Ruhe und Verbundenheit die Rituale von uns Engeln lehrt, und ich werde dich dabei unterstützen, für alles empfänglich zu sein. Durch mich steigert sich in dir die Energie, die mit einem Lächeln alle Sorgen, Schmerzen und Überbelastungen wegwischt. Unsere Prüfungen sind da, um daran stark zu werden ... und nicht, um daran zu zerbrechen!"

(Engel Cadiel / Stein: Mohawkit / Bote von Sandalphon)

Engel **Rifion** – Engel des neuen Lebens

„Fühle in dich hinein, mein Kind. Du bist es, der die Ruhe, Konzentration, Stärke und Liebe in sich trägt. Noch meinst du unwissend, sie bei anderen finden zu müssen. Reiche mir deine Hand, und ich wärme dich, denn nur in dieser unendlichen Liebe Gottes werden sich dir die Kanäle der Erleuchtung öffnen, die du so lange gesucht hast. Gib dein Leben niemals auf; wenn ich zu dir komme, wird es erst beginnen! Blicke mich an und freue dich – auf den neuen Anfang, der alles verändert!"

(Engel Rifion / Stein: Caledonit / Bote von Raguel)

Prüfer der Engel

Engelfürst **Bilifo** – Engel der göttlichen Prüfung

„Ich bin der Richter auf dieser Erde und der Führer aller Führer. Mein Name ist Bilifo, Engelfürst der ältesten Liga, Wächter des Daseins und der Erkenntnis Gottes. Wer von euch die geistige Weiterentwicklung anstrebt, geht einen schweren Weg. Ich alleine entscheide, ob du dazu fähig bist oder nicht. Ich werde dich prüfen und feststellen, ob du es bist, der dereinst ein Führer unter uns Engeln sein wird ..."

(Engelfürst Bilifo / Stein: Danburit / Band 2)

R

Reflexion

Lichtengel Syraya – Engel des Rückzugs

„Stehe nicht immer im Mittelpunkt. Rücke deine Bedürfnisse nicht ständig in den Vordergrund. Versuche nicht dauernd, anderen zu

zeigen, was besser für sie ist, denn du weißt das nicht! Du nimmst dich wichtiger als je zuvor in deinem Leben mit dem Gedanken, besser, weiter, schlauer und weiser zu sein als alle anderen um dich herum ... Du setzt dich auf einen selbst erbauten Thron, stellst dich auf eine Stufe, die dich auf die anderen Menschen um dich herabblicken lässt. Ich hülle dich ein in mein Licht und lasse dich in der Stille zurück, bis du deinen wahren Weg gefunden hast."
(Lichtengel Syraya / Stein: Okenit / Band 2)

Lichtengel **Aroso** – Engel der Endgültigkeit
„Wenn du deine Wege nicht mehr erkennst, wenn du deine Entscheidungen nicht mehr mit Ehrlichkeit und Vernunft betrachtest, so komme ich und nehme sie dir ab. Ich bin die Macht in deiner Bewegungslosigkeit und werde für dich diese Antwort auf die Aufgaben aus unserer Sicht heraus entscheiden."
(Lichtengel Aroso / Stein: Bustamit / Band 3)

Reinigung (geistig)

Engel **Cassriel** – Engel der Reinigung
„Sanft und zart wie Tautropfen reinige ich deine Gedanken, deine Sinne und deine feinstofflichen Antennen, damit sie offen sind für die Weisheit und Offenbarungen Gottes, die ich zu verkünden habe."
(Engel Cassriel / Stein: Aquamarin / Band 1)

Engel **Ezhobar** – Engel der Umpolung
„Ich bin deine Reinigung und dein Schutz. Negative Einflüsse und Gedanken halte ich fern von dir und pole sie um in das Licht und die Reinheit Gottes, in der du einst geboren wurdest. Lasse keine fremden Schwingungen zu, sondern bleibe der, der du bist: ein Mensch auf dieser wundervollen Erde."
(Engel Ezhobar / Stein: Halit/Steinsalz / Band 1)

Lichtengel **Sekel** – Zukunftsengel der Seelenreinigung

„Du wirst das Licht für andere sein, wenn die Dunkelheit über sie hereinbricht. Du wirst die Schuld von anderen auf dich nehmen, sie reinigen, neutralisieren und alles in das göttliche Licht umwandeln. Wenn du ein ‚Lichtengel der Erde' werden willst, dann wird es deine Aufgabe in der Zukunft sein, die Seelen der neuen Welt zu reinigen und von ihren Zukunftsängsten zu befreien."

(Lichtengel Sekel / Stein: Schneeflocken-Epidot / Band 3)

Reinigung (irdisch)

Engel **Filakon** – Engel der Reinlichkeit

„Ich bin dein Engel der Ordnungsliebe und helfe bei jedem Handgriff. Du siehst mit mir die Unordnung und was getan werden muss. Alles wird mit mir leichter vonstatten gehen: das Putzen, Bügeln, Aufräumen und alles, was um dich herum anfällt ... Meine Arbeit an dir beinhaltet die Entwicklung des Sinnes für Ästhetik, Hygiene und Entfaltung von Licht in dunklen Räumen. Erst, wenn das geschafft ist, können andere Engel mir folgen und die feinstoffliche Reinigung übernehmen."

(Engel Filakon / Stein: Ozean-Jaspis / Band 1)

Engelfürst **Aragor** – Engel des Beginns

„Ich bin die Flamme der Auferstehung und des hellen Pfades, der für dich einer der ersten Schritte zu uns Engeln ist. Ich reinige die Räume, in denen du dich befindest, denn nur, wo Altes weicht, kann Neues Einzug halten. Wenn du dich für mein Licht öffnen willst, so nehme ich dich gerne an der Hand und führe dich zur Quelle der Reinwaschung. Danach werden sich die Tore des Himmels für dich öffnen."

(Engelfürst Aragor / Stein: Bergkristall / Band 1)

Reisen (geistig)

Engel **Rujiel** – Engel der Weite

„Ich symbolisiere die Freiheit Gottes, die endlose Weite und die Fülle der Herrlichkeit. Reiche mir deine Hand, und wir reisen gemeinsam durch die Farben des Himmels und der Ebenen. Denn nur hier ist dein Zuhause, in der Quelle deines Seins."

(Engel Rujiel / Stein: Landschafts-Jaspis / Band 1)

Engel **Calamos** – Engelführung durch den Himmel

„Mit meditativer Atmung schwinge mich auf dich ein ... Zeit und Raum verhallen. Deine Gedanken hüllen sich in den Nebel der Stille, und aus ihm heraus führe ich dich in die göttlichen Ebenen. Ich zeige dir jeden Engel, erkläre dir seine Farbe und Tätigkeit … nichts, mein kleiner Funke, wird dir von uns verborgen bleiben."

(Engel Calamos / Stein: Blauquarz / Band 1)

Engel **Pantasaron** – Engel der Reisen

„Mit Frohsinn und Humor führe ich dich zu den Engeln, die du suchst. Ich bin dein Schiff und deine Begleitung, um Reisen in andere Welten zu unternehmen und neue Kontakte zu knüpfen."

(Engel Pantasaron / Stein: Paraiba-Turmalin blau / Band 2)

Reisen (irdisch)

Engel **Jeiaiel** – Schutzengel der Führung

„Du kennst die Erde nicht, auf der du wohnst! Rufe mich, und ich begleite dich auf allen Reisen! Ich beschütze dich vor Unglück, Krankheit und führe dich an die Schönheiten der Orte, an denen du dann verweilen kannst! Ich zeige dir alle Länder und Städte, von denen du im Traum nicht geahnt hast, das es diese gibt gibt, und welche Schätze sie in sich bergen ..."

(Engel Jeiaiel / Stein: Türkis / Band 1)

Rhetorik

Engel **Samutiel** – Engel der Redekunst

„Ängste, unsicheres Auftreten und Hemmungen werden in meiner Anwesenheit verblassen. Wenn ich bei dir Einzug halte, so wird deine Kommunikation mit anderen sicher und anregend verlaufen. Unruhe, Stottern oder zu langes Suchen nach den richtigen Worten behebe ich und führe dich in den Gedanken- und Redefluss, in dem sich alle anderen um dich herum befinden. Deine Aussprache wird aufblühen wie eine Rose und dein Gesprochenes sich verteilen wie ihr lieblicher Duft.“

(Engel Samutiel / Stein: Chalcedon gebändert / Band 1)

Lichtengel **Golog** – Engel der höheren Kraft

„Die Macht der Worte mache ich dir deutlich, und auch den richtigen Einsatz von Argumenten. Denn die Kraft und die Wirkung, die von ihnen ausgehen, können Dinge bewegen und Situationen sowie andere Menschen beeinflussen. Frage mich, wenn du unsicher wirst, und ich werde einschreiten, wenn es so sein soll.“

(Lichtengel Golog / Stein: Augit / Band 1)

Engel **Golema** – Engel der Fähigkeiten

„Vermittlung, Wahrhaftigkeit und Ausdruck sind meine Stärken. Wortwahl und Tonlage entsprechen einer Waage, die sich im Gleichgewicht befinden sollte. Bist du in einer Führungsposition oder triffst folgenschwere Entscheidungen für andere Menschen, so lehre ich dich den richtigen Ausdruck und das Wissen, das du benötigst. Ein weiser Führer braucht keine laute Stimme, um gehört zu werden, alle anderen wiederum schon.“

(Engel Golema / Stein: Chalcedon blau rein / Band 1)

Engel **Amalomi** – Engel der Handlung

„Denke erst nach, bevor du sprichst! Worte sind scharf wie die Schneide eines Messers. Sie können andere Menschen und ihre Handlungen beeinflussen, wenn nicht sogar zerstören ... Und das ist etwas, was ich, Amalomi, niemals dulden werde!"

(Engel Amalomi / Stein: Andenopal weiß / Band 1)

Romantik

Engel **Tagora** – Engel der Romantik

„Ich bin ein Engel der Magie und Erotik. Willst du meine Anwesenheit, so öffne dich für diese Zärtlichkeit. Ich fließe durch dich hindurch und erfülle dich mit Lust und Freude an zarten Gefühlen. Geheime Wünsche, die du in dir hegst, werden durch mich wahr."

(Engel Tagora / Stein: Thulit / Band 1)

Engel **Amaliel** – Engel der Gefühle

„In meiner Anwesenheit studierst du deinen eigenen Körper und nimmst dich an, wie du bist. Schüchternheit und Verschlossenheit werden sich mit mir auflösen und übertriebene oder unnötige Schamgefühle werden schmelzen wie ein Eisklumpen in der Sonne. Glaubensgrundsätze, Schönheitsmaßstäbe oder Ansichten über dich selbst wird es nicht mehr geben, sondern nur noch die offene Zärtlichkeit zwischen zwei einander liebenden Menschen."

(Engel Amaliel / Stein: Andenopal rosa / Band 1)

S

Seelenerkenntnis

Engel **Nagual** – Engel der Betrachtung

„Mit mir findest du die Schönheit, Liebe und Harmonie in dir selbst, ich lehre dich, sie wahrzunehmen und zu festigen. Ich freue mich sehr daran, dass du mich gefunden hast, und ich darf dir nun das Schönste zeigen, das es in dir selbst gibt: deine Seele, deine innere Mitte und deine Göttlichkeit!"

(Engel Nagual / Stein: Abalone/Paua -Muschel / Band 2)

Engel **Amutiel** – Engel der Wahrheit

„Lass mich dir helfen, dich anzunehmen und zu lieben, wie du bist. Denn dir selbst etwas vorzumachen, schadet dir genauso wie in allen anderen Bereichen. Ich bin dein Spiegel deiner Selbstbetrachtung und zeige dir alle Facetten deines Lebens, deines Wirkens, deines Geistes und deines Körpers. Ich lasse dich erkennen, wie wundervoll du bist. Kannst du dich erst so akzeptieren und lieben, wie du wirklich bist, ist mein Werk an dir vollbracht."

(Engel Amutiel / Stein: Chalkopyrit / Band 2)

Engel **Jajaregi** – Engel der Seele

„Für alles nimmst du dir Zeit … nur für dich selbst nicht! Achte auf dich, kleine Seele, denn du bist es, der hier im Mittelpunkt steht. Verachte dich nicht, sondern erkenne dich … es ist nie zu spät, sich selbst zu sehen. Öffne deine Augen und Ohren und nimm dir die Zeit für die eigene

Betrachtung und die Erkenntnis, dass es außer deinen Mitmenschen, uns Engeln ... auch dich selbst noch gibt!"
(Engel Jajaregi / Stein: Dendriten-Opal / Band 1)

Seelenverbindung

Engel **Anamiel** – Engel der Seelenverbindung
„Ich bin Engel der Balance und die Verbindung von einem zum anderen, von heiß zu kalt, von groß zu klein. Schaffst du diese Verknüpfung nicht alleine, so helfe ich dir, beide Kräfte erfolgreich ins Gleichgewicht zu bringen. Ich verbinde dein ‚Wollen mit dem Wunsch', deine Seele mit dem Körper und deine Unausgeglichenheit mit der Ruhe, die du in dir trägst. Auch die Bande zu lieben Menschen von einst kann ich dir erbauen. Denn das sind die Brücken in dir selbst."
(Engel Anamiel / Stein: Shiva Lingam / Band 2)

Segensengel

Engel **Abilael** – Engel des ewigen Lebens
„Du bist einer von vielen Menschen mit einer ausgewählten Aufgabe. Ein langer Weg der Entwicklung liegt nun bereits hinter dir, und du bist dir dessen bewusst. Viele Engel reichen dir ihre Hände und bieten ihre Hilfe an. Sorge dich nicht, mein Kind, du wirst immer in unserer Mitte sein und die Urkraft der Göttlichkeit wird immer für dich zur Verfügung stehen."
(Engel Abilael / Stein: Karneol-Opal / Band 3)

Selbstbewusstsein

Engel **Eliael** – Sonnenengel der Führung
„In meinem Schutz zeige ich dir deine Schwachstellen und stehe dir bei, daraus zu lernen. Wir sehen sie uns in Ruhe und mit Abstand an.

Selbstsicherheit, Selbstbewusstsein und Unbeschwertheit bekommst du durch mich, denn wir werden den Weg der Umorientierung gemeinsam gehen. Überlege nicht lange, sondern gib mir die Möglichkeit, dein Leben zu verändern."
(Engel Eliael / Stein: Topas rosa / Band 1)

Engel **Debam** – Engel der Sicherheit
„Fühle dich stark und unerschütterlich. Ich bin ganz nah und verleihe dir Charme, Ausdruck und Selbstsicherheit, egal, in welcher Situation! Es ist ein langer Weg dorthin, wenn du unsicher und verängstigt bist, doch glaube mir, wir beide erreichen unser Ziel. Du wirst eines Tages von oben herabblicken und dann voller Stolz auf dich selbst sein."
(Engel Debam / Stein: Fuchsit / Band 1)

Engel **Hasperim** – Engel der Erhaltung
„Rufe mich, wenn du nicht mehr weiter weißt, und ich bin an deiner Seite. Ich wecke dein Selbstbewusstsein, deine Sicherheit, deine Standfestigkeit. Nun blicke auf und erreiche die Ziele, die vor dir liegen!"
(Engel Hasperim / Stein: Topas weiß / Band 1)

Selbsterhaltung

Engel **Aajoel** – Engel der Selbsterhaltung
„Ich erwecke deinen Selbsterhaltungstrieb und deine Selbstsicherheit, denn du bist groß und voller Tatendrang! Alle deine Werke sind einmalig, und ich lasse nicht zu, dass du dich selbst zunichte machst. Meine Funken des Frohsinns und der Glückseligkeit lassen dich erkennen, was für ein wertvolles Wesen du bist. Mit mir findest du die Wege der Freude am Leben und in der Liebe."
(Engel Aajoel / Stein: Edelopal / Band 1)

Selbstsicherheit

Engel **Orienell** – Engel der Aufmerksamkeit

„Wenn ich bei dir bin, so wirst du zum Mittelpunkt des Geschehens. Ich sorge dafür, dass die jeweiligen Engel anwesend sind, damit alles um dich herum passen wird. Du wirst mit mir alle Menschen in deiner Umgebung in deinen Bann ziehen ... und nur deinen Worten werden sie folgen. Du wirst es sein, der spricht und Entscheidungen trifft. Jetzt ist der Moment gekommen, in dem sich alle nur noch nach dir umdrehen."

(Engel Orienell / Stein: Phantomquarz mit Fuchsit / Band 1)

Sexualität

Engel **Cerviel** – Engel der ungeahnten Möglichkeiten

„Romantik und die daraus entspringenden Gefühle sind der Beginn und das Fundament eurer Liebe, die reinen Herzens sein sollte. Doch darf es euch Menschen nicht an Sinnlichkeit und Erotik fehlen! Ich unterstütze sie und sorge dafür, dass diese Glückseligkeit auf ewig anhalten möge und euch miteinander verbinde wie jetzt, in diesem Moment."

(Engel Cerviel / Stein: Rubin / Band 1)

Engel **Molabeda** – Engel der Sexualität

„Es ist mein göttlicher Auftrag, euch die offene und reine Liebe zu vermitteln. Der Austausch von Zärtlichkeiten und intensiven Gefühlen füreinander ist wie eine mystische Kraft, ein Wissen und eine Verbindung, die nur zwischen euch Liebenden besteht. Ich bin ein Engel der freien Sexualität, und mein Ziel ist es, die reine Hingabe unter euch und für euch zu erreichen. Die bedingungslose Liebe ist die Offenheit und Lust ohne Einschränkung!"

(Engel Molabeda / Stein: Granat Rhodolith / Band 1)

Engel **Kaflesi** – Engel der Lebendigkeit

„Ich bin für euch Menschen die lebendige Quelle, die durch euch hindurchfließt. Ich treibe euren Kreislauf an und steuere euren Blutfluss. Ich rege eure Sexualität an und fördere die Durchblutung der Geschlechtsorgane. Wenn du dich mir anvertraust und offen bist für die freie Liebe, so verspreche ich dir, dass du mit deinem Partner die körperliche Freiheit erfährst, die ihr euch beide wünscht. Ihr werdet euch jetzt und noch lange Zeit miteinander wohl und frei fühlen wie Fische im Wasser."

(Engel Kaflesi / Stein: Granat Almandin / Band 1)

Sinnentwicklung

Engel **Secabmi** – Engel der Wahrnehmung

„Kennst du das Wesen der Pflanzen? Hörst du die Gedanken der Tiere? Fühlst du ihre Schwingungen? Ich bin der Weg dorthin. Denn es gilt nicht nur, die Natur wahrzunehmen, sondern auch deren Bewohner. Jede Seele, die auf der Erde wohnt, beinhaltet eine Schwingung der Göttin. Ich bin in allem, was lebt, allgegenwärtig und führe dich gerne tiefer in die Mysterien der einzelnen Seelen."

(Engel Secabmi / Stein: Cavansit / Band 2)

Engel **Sitalel** – Engel des Herzens

„Der Lebensweg ist lang und bringt nicht immer nur Erfreuliches. Damit es für dich leichter geht, zeige ich dir die Hintergründe, verfeinere deine Sinne für die Wahrnehmungen und stärke deine Gefühle für den weiteren Weg. Es ist eine Offenbarung, die für dich alleine bestimmt ist, und du wirst nach meiner Lehre deine Gegenwart sowie die Zukunft aus unserer Sicht betrachten, leiten und entscheiden."

(Engel Sitalel / Stein: Serpentin / Band 2)

Engelfürst **Chazkiel** – Engel der Wahrsagekunst

„Es ist mir eine Freude, dein Lehrer zu sein und dich einzuweihen in die göttlichen Weisheiten und Hintergründe. Jedes Leben auf dieser Erde ist vorbestimmt und sein Ablauf entspricht dem, wie es niedergeschrieben ist in einem Buch ... Du fühlst Schwingungen und hörst die Gedanken und Worte durch mich auf eine andere Art. Du brauchst keine Werkzeuge, die dir mit Bildern oder mit Formen zeigen, was zu tun ist… du wirst es sein, der weiß, worum es geht, bevor es andere überhaupt erahnen."

(Engelfürst Chazkiel / Stein: Sterndiopsid / Band 2)

Engel **Hetitiel** – Engel des Aufstiegs

„In mir findest du die Verbindungsstücke, die dir in deinem Leben fehlen: Die geistigen Kombinationen für Veränderungen und die seelischen Verknüpfungen, die dich weiterbringen. Hierfür ist es nicht notwendig, dass dir jemand gegenübersteht. Ich bin Engel Hetitiel und baue die Brücken der Gedanken. Durch mich kannst du einen Mitmenschen fokussieren und dich mit ihm geistig unterhalten."

(Engel Hetitiel / Stein: Jamesonitquarz / Band 2)

Engel **Elepinon** – Engel der Sehergabe

„Wer mich zu sich ruft und bereit ist, mit Offenheit in meine Lehre zu treten, den führe ich in die verschiedenen Gebiete der unergründlichen Tiefe der Weisheit Gottes. Nur Auserwählten des hohen Gerichtes unter euch wird es gelingen, meinen geheimen Wegweisungen zu folgen, sie zu deuten und unsere Worte für andere Menschen richtig zu formulieren."

(Engel Elepinon / Stein: Augenporzellanit / Band 2)

Engel **Emvetas** – Engel der Betrachtung

„Spüre mit mir die Schwingungen der Steine, der Klänge, der Farben. Kein Ton würde jemals richtig ‚klingen', wenn seine Obertöne nicht mitschwingen würden. Erst in deiner eigenen Mitte und in der Konzentration empfängst du die kristallklaren Bewegungen jeder Materie, die du mit mir zu deuten lernst. Eines Tages, mein Kind, wirst du die Sprache der Götter und die von uns Engeln verstehen!"

(Engel Emvetas / Stein: Sternachat / Band 2)

Engel **Pallas** – Engel der Eingebungen

„Komme zur Ruhe und höre auf meine Stimme. Durch mich erhältst du Eingebungen, für dich oder auch für andere. Damit du nicht so lange brauchst, auf die richtigen Lösungen zu kommen, stehe ich dir gerne mit meinen Antworten zur Verfügung. Wende dich an mich, und ich gebe dir ein Zeichen durch die Kräfte der Natur."

(Engel Pallas / Stein: Zebra-Achat / Band 2)

Engel **Ahabon** – Engel der Spontaneität

„Tritt in meine Lehre, und mein Ziel für dich wird es sein, dein Bewusstsein zu kontrollieren und in jeder Situation abändern zu können. Hülle dich in meinen Lichtmantel der Magie, und du wirst überall willkommen sein. Es wird in deinen Händen liegen, wie die Menschen auf dich reagieren. Dein Wille wird geschehen, wenn du dich auf sie einzustellen vermagst. Wenn du dies beherrschst, bist du überall und nirgends ..."

(Engel Ahabon / Stein: Quarz-Katzenauge / Band 2)

Spiritualität

Engel **Geriola** – Engel der wahren Spiritualität

„Das göttliche Gleichgewicht führt jeden Wahrheitssuchenden auf den sicheren und richtigen Weg. Doch nur die, die sich unserer Liebe und Weisheit öffnen, werden mehr über die Verbindungsglieder der Ebenen

erfahren, um weiter diesen Weg gehen zu können. Ich erkenne und bereinige alles im Namen der Wahrheit Gottes und begleite dich, wundervolle Seele, zu allen Kombinationen auf dieser Erde. Ich zeige dir die allumfassende Wahrheit, damit du sie erkennen, achten, leben, lieben und irgendwann deine Mitmenschen lehren kannst!"
(Engel Geriola / Stein: Goldstone / Band 3)

Engel **Fravashi** – Engel der göttlichen Gefühle
„Die Verbindung von Liebe, innerer Stärke und göttlicher Kraft unterliegt auch mir. Ich verknüpfe dich mit allem, was deine Seele zur Erfüllung begleitet! Keine irdischen Dinge sind es mehr, nach denen du verlangst, sondern das neue Leben, das du einst begonnen und bis heute fast verloren hast. Ich, Fravashi, bin in dir selbst die Kombination von Gedanken und Tat. Von Gefühl und Handlung. Ich bin die Verknüpfung deines Selbst und der Anfang auf Erden, inmitten aller Götter!"
(Engel Fravashi / Stein: Adamin / Band 3)

Engel **Levum** – Engel der göttlichen Urkraft
„Meine Aufgabe ist, die Kräfte aus jedem Bereich zu sammeln und als gebündelte Energie auf ein spezifisches Ziel zu lenken. Du wirst mit mir die Kräfte der Urzeit in dir vereinen und das Wissen über deren Zusammensetzungen, die unter euch Menschen auf der Erde notwendig sind!"
(Engel Levum / Stein: Zebra-Eisen-Jaspis / Band 3)

Lichtengel **Dina** – Engel der göttlichen Sorgfalt
„Rufe mich, und ich verhelfe dir zu dem göttlichen Überblick, um all die vielen Kombinationen der anderen Engel, der Rezepturen oder der vielen, daraus resultierenden Botschaften bewältigen zu können! Denn egal, wieviel sich dir auf deinem Weg der Entwicklung bietet… es gilt immer diese eine Regel: eines nach dem anderen und das mit Offenheit und der damit verbundenen Gründlichkeit!"
(Lichtengel Dina / Stein: Serandit / Band 3)

Süchte

Engel **Alpaso** – Engel der schlechten Gewohnheiten

„Meine Aufgabe ist es, dich zu schützen vor Süchten, Naschwerk, Alkohol und Versuchungen aller Art. Betrachte sie mit Ehrlichkeit: Die Erkenntnis, dass du ihnen erlegen bist, ist erst der Ruf, dem ich folgen darf. Denn es sind die kleinen Gewohnheiten, die sich eines Tages in große verwandeln … die ich, Alpaso, dann nicht mehr ändern kann."

(Engel Alpaso / Stein: Chevron-Amethyst / Band 1)

Engel **Emayisa** – Engel der körperlichen Erhaltung

„Ich komme auf deinen Ruf hin, wenn aus kleinen Süchten größere geworden sind. Es ist die Einsicht, die ich in dir fördere, diese Tatsache bewusst zu betrachten. Mein Ziel an dir ist es, dich zu befreien und zum Ursprung der körperlichen Erhaltung deines Lebens zurückzubringen."

(Engel Emayisa / Stein: Botswana-Achat / Band 1)

Engelfürst **Saraphuel** – Engel der Gesundheit

„Mit strenger Disziplin führe ich dich weg von schädlichen Gewohnheiten. Mit Härte greife ich durch, wo kein anderer Engel bei dir Erfolg gehabt hat. Du beginnst, deinen Körper zu verlieren, wenn Zellen, Fasern, Organe, Gliedmaßen sowie Blut und Gewebe zerstört sind. Als nächstes wirst du deine Seele verlieren, doch bevor das so weit kommt, werde ich eingreifen, um das Schlimmste zu verhindern!"

(Engelfürst Saraphuel / Stein: Dendriten-Chalcedon / Band 1)

Engel **Arelim** – Schutzengel vor Übergriffen

„Ich schütze vor Angriffen und Verlust. Schlechte Gewohnheiten und Verführungen locken dich auf einen anderen Weg, der nichts Gutes verheißt. Halte an mir fest und kehre um! Auch ich bin einer der obersten Schutzengel für diese Bereiche außerhalb deiner Seele."

(Engel Arelim / Stein: Heulandit / Band 2)

Symbolsprache

Engel **Zaariel** – Engel der Zeichen

„Ich bin die Sprache der Engel, ich bin die Zeichen der Erde, ich bin das Symbol Gottes, das du überall wiederfindest. Reiche mir deine Hand, mein Kind, und ich führe dich durch die Elementarwelt Erde und zeige dir in allem, was lebt, die göttlichen Symbole … in Blättern, Blumen, Steinen, Bachläufen und in den Wolken sowie in den Kräften des Feuers. Alle offenbaren sie dir in ihrer Lebendigkeit diese göttlichen Symbole, wie eine Art Landkarte ... anhand der du, wenn du sie und ihre Bedeutung erkennen kannst, immer weißt, wohin dein Weg dich führen wird."

(Engel Zaariel / Stein: Cornwallit / Band 3)

Engel **Amiel** – Engel der Lichtsprache

„Betrachte mit mir die Kristalle und Steine, die es auf deiner Erde gibt. Denn sie sind Zeichen der Vergangenheit, der Erdgeschichte und der Elementarwelten, die auf der Göttin verewigt wurden. Sie sind alte Wegweiser, die dir oft die Lösung der Probleme deiner Gegenwart nennen können. Suche die alten Symbole, die in den Zeichnungen der Kristallen und Mineralien verewigt sind! Denn die Steine sind es, die bislang alles überlebt und mit ihrer Kraft die Göttlichkeit gewahrt und beschützt haben."

(Engel Amiel / Stein: Epidot rein/ Band 3)

Engel **Emtircheyud** – Engel des Mondes

„Mein Licht ist kühl, meine Worte sind klar. Ich bin das Gleichgewicht zum Tag und die Führung der Nacht. Ich lehre, euch selbst besser zu verstehen und anzunehmen. Ich bin die Sprache und Übersetzung der Planeten des Universums, deren Symbole du nur durch mich zu deuten vermagst."

(Engel Emtircheyud / Stein: Koralle rot / Band 3)

Engel **Caboneton** – Engel der Astrologie

„Ich bin die Verbindung der göttlichen Ebenen und der Sterne. Mein Wissen ist Magie und die Verknüpfung mit der Weisheit vergangener und zukünftiger Welten. Astrologie ist die Kunde der Sterne – glaube mir, die Wächter des Universums wissen mehr von der Entwicklung der Vergangenheit sowie den Geschehnissen der Zukunft. Ihr Wissen ist enorm und ihre Weisheit größer als die eurige! Hier in den Bildern des Universums findest du alle Symbole der alten Zeit, der neuen Dimension und der zukünftigen Entwicklung der Göttlichkeit wieder, die du, durch mich, auf der Erde in deiner Arbeit für dich nutzen kannst."

(Engel Caboneton / Stein: Opal in Matrix / Band 3)

Engelfürst **Haniel** – der Atem Gottes

„Ich bin das ganze Licht um dich herum. Ich bin der Atem Gottes, den du jetzt in dir aufnimmst. Ich bin deine allumfassende Gegenwart. Ich bin der Führer des Wissens eines jeden Symbols. Denn es ist mein Ziel, dass du deiner Aufgabe auf Erden so gut wie möglich nachkommst. Ich, Haniel, rechte Hand unseres Schöpfers, werde dir alles zur Verfügung stellen, damit du dies erreichst! Und zu diesen meinen Aufgaben gehört es auch, dir die Symbole der Niederschriften so darzulegen, dass du mit dem Wissen der alten Zeit die Neuzeit in unserem Sinne verändern und führen kannst."

(Engelfürst Haniel/ Stein: Praseolith / Band 3)

SCH

Schönheit

Engel **Omana** – Engel der täglichen Schönheit

„Ich helfe dir bei allem, was mit deinem Aussehen zu tun hat. Ich unterstütze dich, deine Haut, Haare und Nägel zu reinigen, zu pflegen und schön zu machen! Ich belebe die Spitzen der Haare und öffne sie mit meiner Kraft, damit sie ihrer Aufgabe als universelle Antennen wieder nachkommen können!"

(Engel Omana / Stein: Citrin / Band 1)

Engel **Hazajel** – Engel der schönen Ausstrahlung

„Es kommt nicht auf den äußeren Schein an, sondern auf das Wesen jeder Seele. Ihr Menschen könnt so hässlich zueinander sein in euren Ansichten über euer Aussehen. Mit mir wirst du deine eigene Schönheit erkennen, sie nach außen hin zeigen und dich annehmen, wie du bist. Denn das ist es, was anderen fehlt: die Wertschätzung der eigenen Ausstrahlung, die direkt aus dem Innersten der Seele herrührt."

(Engel Hazajel / Stein: Tahiti-Perle dunkel / Band 1)

Engel **Jromoni** – Engel der Führung

„Erblicke mit mir die Schönheit und den Reichtum deiner Seele, doch nicht, um dich wertzuschätzen, sondern um zu erkennen, dass du in den nächsten zehn Jahren durch die täglichen Rituale der Schönheitsaufbesserung um ein Vielfaches schneller altern wirst als ohne! Mein Ziel an dir ist es, dass du deine natürliche Schönheit und Ausstrahlung erkennst und beibehältst … bis ins hohe Alter."

(Engel Jromoni / Stein: Astrophyllit / Band 1)

Engel **Zhevekiyev** – Engel des Lebens

„Ich erfrische deinen Teint, stabilisiere deinen Kreislauf und schenke dir die Lebendigkeit, die allerdings von Jahr zu Jahr abnimmt. Meine Kraft verstärkt dein Leben und mein Wissen über die Ernährung und Körpererhaltung wird dich führen. Ich belebe deinen Geist, deine Gedanken und deine Wortgewandtheit, damit deine Seele wieder erstrahlen wird wie ein Stern am Firmament!“

(Engel Zhevekiyev / Stein: Gaspeit / Band 1)

Engel **Renael** – Engel der Verjüngung

„Ich beschütze sowie unterstütze dich bei deinem Entschluss, etwas an deinem Äußerem zu verändern. Ich stehe dir bei, bis du die passendsten Ärzte gefunden hast und verhelfe dir zu deiner richtigen Entscheidung! Ich werde es sein, der bei den folgenden Operationen anwesend ist. Danach fördere ich den Heilungsprozess mit allen Engeln der Heilung, um für dich das bestmögliche Ergebnis zu erziehlen.“

(Engel Renael / Stein: Smaragd / Band 1)

Schuldgefühle

Lichtengel **Jeremiel** – Engel der Vergangenheit

„Reinigung von Schuldgefühlen in der Wirklichkeit ist die Aufgabe der Lichtengel auf Erden. Nicht jeden werde ich hierfür auserwählen, denn du wirst große Lasten auf dich nehmen müssen. Nicht die der Gegenwart – sondern die der Vergangenheit. Du wirst die Menschen, die in Verstrickungen aus ihrer Vergangenheit leben und dadurch nicht vorwärtskommen können, von ihren Schuldgefühlen befreien. Du alleine wirst die früher begangenen Taten für die Seelen der Neuzeit reinigen und neutralisieren. Das ist deine Aufgabe, nur die neuen Erdenengel unter euch können dies bewirken!“

(Lichtengel Jeremiel / Stein: Pyrolusit / Band 3)

Schutz (geistig)

Engel **Cahetel** – Engel deiner Umgebung

„Meine Anwesenheit zeigt sich deutlich, kühl und für dich sehr spürbar. Du wirst mich bemerken, wenn ich komme. Ich hüte euch Menschen vor negativen Einflüssen, Geistern und unerwünschten Naturwesen. Rufe mich, und ich werde bei dir sein!"

(Engel Cahetel / Stein: Hyalith / Band 2)

Engel **Tawonel** – Wächterengel der Reinigung

„Wir errichten einen Schutzmantel aus Licht um dich herum, der nichts an dich heranlässt. Versuchungen, Verführungen, Gelüste, Verunreinigungen der Aura halten wir fern. Anfeindungen, Geiz, Neid, negative Gedanken senden wir dorthin zurück, woher sie gekommen sind."

(Engel Tawonel / Stein: Schwefelquarz / Band 1)

Engel **Malthiel** – Engel der Rettung

„Ich komme aus den Legionen von Erzengel Michael. Meine Mission ist die Rettung der Seelen, die den Halt auf Erden verloren haben und somit mehr und mehr in die Machtbereiche der Unterwelt eintauchen. Ich bremse diese Entwicklung und reiche dir meine Hände, um dich wieder auf den weißen Pfad der geistigen Spiritualität zurückzuführen."

(Engel Malthiel / Stein: Spinell violett / Band 2)

Engel **Ithuriel** – Schutzengel deines Selbst

„Ich wache über dir und höre die negativen Gedanken, die in der Luft schweben. Ich lasse nicht zu, dass sie dich erreichen und wehre sie vorzeitig ab. Auch Anfeindungen oder schwarze Magie, Rituale oder Anrufungen der Gegenseite kommen niemals bei dir an. Kein Tief, keine Trauer und kein Tod sind möglich und werden über dich kommen, solange ich bei dir verweile. Es ist mein Auftrag, dich zu bewachen und zu beschützen, so lange, wie du mich brauchst, oder es selbst möchtest."

(Engel Ithuriel / Stein: Schneeflocken-Obsidian / Band 2)

Schutz (irdisch)

Engel **Plaguiguel** – Gottes Auge über dir

„Mein Auge wacht über dir. Gott alleine sieht durch mich hindurch und direkt auf dich. Gott ist nicht nur immer zugegen, sondern allezeit bei dir. Er wacht stets über dir. Wenn du zu mir gefunden hast, so bist du auf dem Weg des Lichtes und der Vollendung zu uns Engeln. Wenn Gott zu euch spricht, dann spricht er durch uns Engel. Und dass wir mit dir kommunizieren, ist dir wohl bekannt."

(Engel Plaguiguel / Stein: Gottesaugen-Muschel / Band 3)

Engel **Ambriel** – Schutzengel der Aura

„Meine hellblaue Schwingung ist lieblich, kühl und erfrischend. Wenn ich dich aufsuche, dann ganz sanft und kaum merkbar, weil ich mich zart auf dich einschwinge. Es dauert nicht lange, und ich bin mit dir und deiner Aura verschmolzen ... wir sind dann eins geworden! Dadurch kann ich deine Sinne fördern, den Intellekt und dein geistiges Wachstum stärken, ohne dass du dich umstellen oder dich auf mich einstellen musst."

(Engel Ambriel / Stein: Coelestin / Band 2)

Engelfürst **Abraxas** – Engel des Lichtes aller Ebenen

„Ich bin ein leuchtender Schutzwall und der größte Hüter deiner Seele. Nichts kommt an mir vorbei, auch nicht die dunkelste Magie! Ich gleiche alles aus, was ungleich geworden ist. Ob in körpelichen oder seelischen Bewusstseinszuständen sowie in jeglichen Situationen. Ich wandle Angst in Frieden, Unsicherheit in Stabilität, schwarz in weiß um. Brauchst du mich, so rufe mich, und ich hülle dich ein in meinen größten Schutz."

(Engelfürst Abraxas / Stein: Turmalin schwarz / Band 2)

<u>Engel **Rehael** – Schutzengel des Wohlergehens</u>

„Ich hüte und leite alle Schutzengel, die für dein inneres Wohl bis hin zur deiner Aura zuständig sind. Mir ist alles bekannt, doch einschreiten darf ich erst nach deinem Ruf. Dann sende ich dir den Schutzengel, den du für deine Situation brauchst, und er wird dir beistehen, solange du es möchtest. Vertraue mir, es wird dir an nichts fehlen! Du wirst behütet sein, bis du wieder dein Gleichgewicht gefunden hast."

(Engel Rehael / Stein: Aventurin grün / Band 2)

<u>Lichtengel **Pirhe** – Engel der Sinne</u>

„Deine übersinnlichen Fähigkeiten und die göttliche Tugend, die du von mir verliehen bekommst, werden ein Wächter auf dieser Erde sein. Du wirst ungute Schwingungen aufspüren, entdecken und entlarven. Du wirst der Wächter sein, der diese an die richtigen Erdengel abgeben wird, damit diese sie bereinigen können. Du wirst die Schattenwesen auf der Erde schon von Weitem ausmachen und die Engel des Schutzes rufen können, bevor ein anderer überhaupt bemerkt, dass eine Welle aus der Unterwelt über die Menschen hereinrollt. Du wirst Unfälle, Unglücke und Katastrophen voraussehen und dementsprechend handeln!"

(Lichtengel Pirhe / Stein: Mikrolith / Band 3)

<u>Lichtengel **Bahram** – Zukunftsengel des Schutzes</u>

„Ich lehre dich die Verteidigung der Seelen, die auf dem Weg sind. Die das Licht Gottes suchen und uns Engel. Wenn du bereit bist, bis zum äußersten gegen jede Macht die Menschen auf der Erde zu begleiten und niemals aufzugeben, so zeige dich mir, ich werde dich durchleuchten und abwägen, ob du dafür wirklich in Frage kommst. Denn für diese neuen Zukunftsengel benötige ich nur die ganz Starken unter euch, die furchtlos in jeden Kampf gehen werden, ohne vorher zu überlegen, ob das für sie von Vorteil ist. Deine Feinde auf der Erde

werden nicht nur Heuchler und Schattenwesen sein, sondern du wirst auch mit den Worten der Versuchung und Trägheit kämpfen müssen. Dein Wille wird es sein, der letztendlich das Ziel ins Licht kennt.“
(Lichtengel Bahram / Stein: Feldspat / Band 3)

Schwangerschaft

Engel **Emnymar** – Lichthüter der neuen Seelen
„Ist es so weit, so ist dir ein Geschenk zuteilgeworden! Du trägst ein Kind unter deinem Herzen, und wenn es jetzt auch noch sehr klein ist, so benötigt es deine ganze Aufmerksamkeit und Liebe, um heranreifen zu können. Meine Aufgabe ist es, euch beizustehen von Anfang an, bis hin zur Geburt. Ich schütze dich und dein Kind vor Krankheiten, Fruchtverlust, unvorhergesehenen Unfällen und Gefahren.“
(Engel Emnymar / Stein: Aprikosenachat / Band 1)

Engel **Forsteon** – Engel der Schwangerschaft
„Ich bin Engel Forsteon und verleihe dir Kraft und Ausdauer auf dem Weg durch die neun Monate. Ein Kind unter deinem Herzen zu tragen ist nicht leicht, doch nimm dieses Geschenk Gottes an, wie es ist ... Beginne mit mir, den Kontakt zu dieser kleinen Seele aufzubauen ... denn sie wartet bereits auf deine Worte der Liebe, Geborgenheit und Zuversicht.“
(Engel Forsteon / Stein: Bornit/Buntkupfer / Band 1)

Engel **Lajela** – Engel der Schwangerschaft
„Wenn du mich bei dir haben möchtest, so wohne ich in dir. Ich werde dein Kind in meinem Lichtwasser bis zur Geburt vor allen Krankheiten und Störungen schützen. Wenn es dein Wunsch sein sollte, so bringe ich dich auch zu jedem Lebewesen, das in anderen Umständen ist ... um mit seinem Kind zu kommunizieren.“
(Engel Lajela / Stein: Wasserachat / Band 1)

Schwarze Magie

Engel **Gurid** - Engel des bösen Blickes

„Ich bin es, der dich führen wird in die untersten Regionen der Finsternis. Ich will dir zeigen, was dort geschieht und gelehrt wird, damit du den bösen Blick der Wesenheiten kennst, die dich als Führer auf der Erde unentwegt begleiten werden. Sie sind Boten des Neides und der Missgunst, der Heuchelei und der Verwünschung, die auf deiner Erde existieren. Wisse zu wissen, woher welcher Späher kommt und was er damit erreichen will ... kämpfe so, wie ich es dich lehre … und du hältst die Mächte der Finsternis, die dich beobachten, für immer von dir fern!“

(Engel Gurid / Stein: Koralle schwarz / Band 3)

Engel **Etamrezh** – Engel der dunklen Mächte

„Wenn du von uns als Führer erwählt bist, bist du ein Individuum und darfst handeln und entscheiden, wie es dir beliebt. Du wirst es sein, der die Gedanken und Bewegungen der Unterwelt in Licht verwandeln kann. Du wirst es sein, der Unruhe in Ruhe, Hass in Frieden, Hitzköpfigkeit in Kühle verwanden kann. Lerne mit mir, die größten Waffen gegen die Unterwelt zu beherrschen ... und du wirst niemals einen Kampf gegen die Finsternis verlieren!“

(Engel Etamrezh / Stein: Mohrenkopf-Turmalin / Band 3)

Engel **Schemamphoras** – Führung zu den schwarzen Engeln

„Ich werde es sein, der dich führen wird zu den schwarzen Engeln der unteren Ebenen. Sie waren einst unsere Brüder, doch heute sind sie ein eigenes Volk. In meinem Beisein werden sie dir nichts anhaben. Halte dich auf deiner Erdebene von ihnen fern, denn dort können sie dir gefährlich werden. Wenn ich dich hierher auf diese Ebenen begleiten soll, dann nur, um geplante Strategien der Unterwelt auszu-

kundschaften, damit du deine Mitmenschen auf der Erde davor bewahren kannst!"
(Engel Schemamphoras / Stein: Zinkerz / Band 3)

Engel **Phanuel** – Engelführer zur Quelle der Unterwelt
„Ich bin es, Phanuel, der die Kraft durch Gott selbst verliehen bekommen hat, die finstersten Dämonen von den lichtvollen Seelen fernzuhalten, und das werde ich tun, solange du mich brauchst, deine Welten zu erkunden. Denn ich bin ein Kriegerengel Gottes und kenne alle Wege. Mir ist die Quelle der Finsternis ebenso bekannt wie die Quelle des Lichtes. Ich werde dich dorthin geleiten, und mein Schutz wird dir zuteil, wenn es so dein Wunsch sein sollte."
(Engel Phanuel / Stein: Ferrotapiolit / Band 3)

Schweigen

Lichtengel **Alosom** – Engel des Schweigens
„Ein langer Weg voller Aufgaben, Veränderungen, Bereicherungen und auch oft Überbelastung der letzten Jahre liegt hinter dir. Ich, Alosom, werde eure Erfahrungen in Schweigen hüllen, damit die Erkenntnisse aus deinem bereits gegangenen Weg nicht für andere offenkundig werden. Sie sind das Gut deiner Seele, die Fülle und Stabilität deines Seins und nicht für andere bestimmt! Ich verschließe sie in mein Schweigen und hüte deine Geheimnisse, solange, bis du sie wieder brauchst."
(Lichtengel Alosom / Stein: Spinell rot / Band 3)

Engel **Hayuiah** – Engel der ungesagten Worte
„Wenn ich dich begleite, so liegt dein erlerntes und erlangtes Wissen in meiner Hand. Doch nur, wenn es dein Wunsch aus freien Stücken sein sollte. Ich hülle alles in meinen Schleier des Schweigens und halte es fest in meinen Händen, wo es in sicherster Geheimhaltung verwahrt ist. Deine Erfahrungen über deinen Weg und deine spirituelle Entwicklung

werden nicht über deine Lippen fließen zu anderen Menschen, die dies alles nur für sich ausnutzen würden."
(Engel Hayuiah / Stein: Insenit / Band 3)

ST

Steinwissen

Engelfürst **Emzahwe** – Hüter der Erdkristalle
„Wenn du meinen Ruf vernimmst, so habe ich dich erwählt für meine Lehre. Du hast einen schweren und langen Weg zurückgelegt. Ab nun wird dein Leben eine Wende nehmen, denn ich lehre dich das Wissen von den Kristallen, Mineralien, deren Wachstum und jeder ihrer Schwingungen. Ich bin der Hüter der Steine und werde auch dich zu einem solchen ausbilden."
(Engelfürst Emzahwe / Stein: Demantoid / Band 2)

Strategie

Engel **Libuel** – Engel der Weisheit und Lehre
„Die Uhr dreht sich immer weiter und auch deine Entwicklung schreitet fort. Bleibe nicht sitzen und überlege nicht zum hundertsten Mal immer wieder alles von vorne! Du hattest ausreichend Zeit zum Nachdenken, jetzt treibe ich dich vorwärts, damit den ausgereiften Plänen endlich Taten folgen!"
(Engel Libuel / Stein: Vanadinit / Band 1)

Engel **Camalo** – Engel für Strategie und Management

„Du als Mensch musst nicht alles wissen. Du wärest ein Gott, wenn du immer genau im richtigen Moment die richtigen Entscheidungen treffen könntest, ohne darüber nachzudenken. Ich, Camalo, bin dafür zuständig, dir genau in diesen Augenblicken beizustehen, denn ich besitze im Gegensatz zu dir den allumfassenden göttlichen Überblick"

(Engel Camalo / Stein: Chrysokoll / Band 1)

Stress

Engel **Rutuel** – Engel der Stärke im Arbeitsbereich

„Ihr Menschen macht euch das Leben meist selbst schwer und furchtbar kompliziert. Stück für Stück fördere ich deine Erkenntnis, was für dich wirklich von Wichtigkeit ist. Du wirst bemerken, welche Pflichten wirklich notwendig zu erfüllen sind und welche überflüssigen Verpflichtungen du dir selbst auferlegt hast. Ich nehme dir den Druck von den Schultern, verringere deinen Stress und die Belastung und erfülle dich mit meiner Ruhe, dem Mut und der göttlichen Zuversicht."

(Engel Rutuel / Stein: Enstatit / Band 1)

Engel **Samiris** – Engel der Disziplin

„Bei Prüfungen, Veränderungen oder Überlastung durch Pflichten und Verantwortung ist meine Anwesenheit bei dir angebracht! Ich weiß, wo deine Kraftreserven sind und hole sie an die Oberfläche. Ich verhelfe dir zu Ausdauer und Leistungen, die du dir niemals zugetraut hättest! Jede Prüfung, jede Arbeit wird sich im Handumdrehen zum Guten wenden und dich mit Zufriedenheit erfüllen."

(Engel Samiris / Stein: Elfenbein-Jaspis / Band 1)

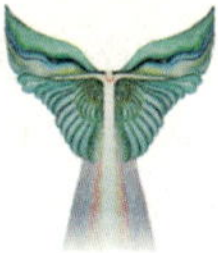

T

Tatkraft

Engel **Takarosa** – Engel der Erfahrungen
„Spüre durch mich, wie kraftvoll du bist und welche Fähigkeiten in dir stecken! Es ist nicht immer notwendig, sich Neuem zuzuwenden, sondern zu erkennen, welches Feuer du bereits in dir hast! Dass du über die Tatkraft und Fantasie verfügst, Ideen umzusetzen, hast du bereits früher gezeigt. In meinem Beisein wirst du nun gezielter vorgehen, und neue Erfahrungen treten in den Vordergrund!"
(Engel Takarosa / Stein: Feuerachat / Band 1)

Engel **Carubot** – Engel der Umsetzung
„Wenn ich bei dir eintreffe, ist die Zeit gekommen, Ideen in die Tat umzusetzen! Ich bin die stabile Kraft und Intuition. In einem sei gewiss, eine gute Eingebung ist die Grundlage, doch ohne die richtige Verwirklichung wirst du mit dieser Idee niemals Erfolg haben! Ein guter Start ist nämlich schon der halbe Weg direkt zu uns Engeln."
(Engel Carubot / Stein: Blüten-Porphyrit / Band 1)

Engel **Malahidael** – Engel der Abwehr
„Mit zarten Schwingungen treibe ich dich an und halte dich immer in Bewegung. Ich bin der Lichtstrahl, der in dir die Motivation weckt und dich an deine Vorhaben erinnert. Mein Lichtmantel ist die Abwehr

von allem, was dich von der Wichtigkeit deiner Tätigkeiten abhalten will. Denn mein Wille ist, dass du deine Werke vollendest."
(Engel Malahidael / Stein: Dr. Liesegang-Stein / Band 2)

Engelfürst **Igigi** – Engel der Vollendung
„Bleib nicht stehen, ruhe dich nicht aus! Gehe weiter und schließe deine Arbeit ab! Alles, was du neu anfängst, wird am Schluss das Ziel erreichen! Ich bin der Engel, der euch übergreifend stärkt und euch Antrieb gibt. Meine Tatkraft ist der Beginn von Neuem!"
(Engelfürst Igigi / Stein: Charoit / Band 2)

Technik

Engel **Damabiah** – Engel der Forschung
„Ich hüte eure Ideen in der Forschung, eure Technik und auch die Formeln der Mathematik. Ich reichere eure Arbeit mit meinem Wissen an und schütze jegliche Entwicklung in diesem Bereich. Es ist für mich eine Freude, zu sehen, wie ihr Menschen euch in dem Wissen über die Technologie entfaltet."
(Engel Damabiah / Stein: Kermensit / Band 2)

Engel **Himala** – Engel der Computertechnik
„Mein Name ist Himala. Ich bin ein Engel der 3. Ebene und euch sehr nah. Mein Auftrag lautet ‚Hilf den Menschen bei allen technischen Schwierigkeiten'. Und so soll es sein ... Ich kenne jeden Chip, jede Leitung oder Übergang eurer sensiblen Technik. Rufe mich, erkläre mir dein Anliegen ... und jedes Gerät wird wieder funktionieren!"
(Engel Himala / Stein: Magnetit-Jade / Band 2)

Tiere

Engel **Foca** – Heiler der Tiere

„Ich bin ein Engel, dessen Licht und Kraft den Tieren, den meist hilflosesten unter euch, gehört. Rufe mich, wenn du mich braucht, und ich werde dir helfen, die Krankheiten der Tiere zu sehen, zu verstehen und zu heilen. Die Natur bietet sich an und ich liebkose sie, damit sie uns den Zugang nicht verwehrt, wenn wir ihre Heilkraft benötigen. Liebe und respektiere alle Tiere, denen du helfen möchtest, denn das ist die Grundvoraussetzung zum Weg der lichtvollen Heilung."

(Engel Foca / Stein: Hornstein / Band 2)

Tierkommunikation

Engel **Behemiel** – Lehrer der Tierkommunikation

„Tiere sind Geschöpfe Gottes und so soll auch mit ihnen umgegangen werden. Nimm ihre Gefühle in dir auf. Durch mich wird es dir gelingen, Tiere zu hören und zu verstehen. Sie zu zähmen und ihre liebevolle Seite zu entdecken. Sei offen für alle Wesenheiten der Erde, die das gleiche Recht haben, zu leben, wie du selbst! Es wird dir in kurzer Zeit mit mir gelingen, das Vertrauen der Tiere zu gewinnen, und sie werden auf dich hören und dir mehr gehorchen, helfen und beistehen als jedem anderen Menschen um dich herum."

(Engel Behemiel / Stein: Speckstein / Band 2)

Engel **Ugali** – Engel der Verwandlung in Tiere

„Ich lehre die höchste Weisheit in Verbindung mit den tierischen Lebensformen auf deiner Erde. Mit mir lernst du die Verwandlung in jedes tierische Geschöpf, egal, ob in ein Insekt, Wildtier oder gezähmtes Nutz- oder Haustier. Du wirst denken, fühlen, hören und sehen wie sie und erhältst ein Gesamtbild, aus dem du die richtigen Entscheidungen für alle Beteiligten treffen kannst."

(Engel Ugali / Stein: Purpurit / Band 3)

Transformation

Engel **Hashmalim** – Engel der Dimension

„Ich bin Engel Hashmalim! Mein Donner, Blitz und Grollen mögen alles von dir absprengen, was aus deiner irdischen Vergangenheit noch an dir haftet. Denn als neues Lichtwesen in dieser, der unseren Welt inmitten aller Engel hat dieser alte Ballast nichts zu suchen! Nur Neues wird hier beginnen … aufgebaut auf dem Wissen deiner Seele."

(Engel Hashmalim / Stein: Fulgurit / Band 3)

Engel **Mafalach** – Engel der Führung zur Quelle

„Wenn du selbst weißt, wer du wirklich bist, so hast du dein Zentrum, deine Mitte und tiefe Seelenruhe gefunden. Mit meiner Reinheit und befreit von Altem kann ich dich führen auf den Weg des geistigen Lebens, der Entwicklung und der Quelle der göttlichen Weisheit! Es ist die Basis, die Neues schafft."

(Engel Mafalach / Stein: Rheinkiesel / Band 3)

Engelfürst **Demiurg** – Engel der übernatürlichen Kraft

„Ich bin dein Engel der Reinigung, des Ablegens von alten Mustern und von Gedanken, Einstellungen und Vorstellungen. In meinem Wasser der Läuterung lösen sich alle Dinge von dir, die dich belasten und einengen. Wir Engel sind frei und genießen die göttliche Verbindung. Auch für dich ist diese Reinigung ein Balsam für deine Seele. Du hast ihn damals, als du als Licht aus der Quelle kamst, zum ersten Mal erfahren, und heute ist es das zweite Mal. Wenn du dereinst gehen wirst von dieser Erde, wird es das dritte und letzte Mal sein."

(Engelfürst Demiurg / Stein: Larimar / Band 3)

Engel **Uraniel** – Engelführer in die Mitte der Geistlichen

„Ich, Uraniel werde dich fragen, ob du uns weißen Engeln angehören oder weiterhin als Mensch auf der Erde vor dich hin leben willst. Ist deine Seele rein und die Antwort die, die ich mir erhoffe, so führe ich dich an den Platz der Wiedergeburt. Ich werde dich ab nun immer von meiner Warte aus begleiten, wohin dich deine Wege auch führen mögen. Die Liebe Gottes, der Frieden der Götter und die Stärke der Göttin mögen ab nun in dir ruhen und das immer in treuer Begleitung aller Engel."

(Engel Uraniel / Stein: Diaspor / Band 3)

Transparenz

Engel **Badet** – Engel der verborgenen Hintergründe

„Meine Anwesenheit ist farbig, froh und öffnet dir den Vorhang zu den Hintergründen deiner Welt und deiner Realität. Erst, wenn du mit mir hinter die Kulissen deines Lebens blicken kannst, bemerkst du, in welchem Spiel du welche Rolle übernommen hast. Aufgrund meiner Anwesenheit kannst du erkennen, in welchem Gefängnis aus Menschenhand du dich eigentlich befindest."

(Engel Badet / Stein: Augenachat / Band 1)

Trauer

Engel **Mendel** – Engel der stillen Verarbeitung

„Der Schmerz und die Trauer, einen geliebten Menschen verloren zu haben, sind für dich schwer zu ertragen … doch nur, weil du den Tod nicht kennst! Ich werde beim Abschiednehmen bei dir sein und zeige dir die Farben, Klänge und Ebenen, wohin diese Seele ging. Trauere nicht, denn du wirst durch mich auf ewig mit ihr verbunden und niemals alleine sein ..."

(Engel Mendel / Stein: Gagat / Band 1)

Engel **Gabuthelon** – Engel der Einsamen

„Alleingelassen werden kannst du von Menschen um dich herum … doch niemals von uns Engeln! Wir sind bei dir, in jeder Phase deines Lebens. Meine Zärtlichkeit fließt wie Tautropfen in dich … sanft küsse ich deine Lider und halte dich fest umarmt. Ich werde bei dir sein, wenn du meinst, alleine zu sein!"

(Engel Gabuthelon / Stein: Galenit / Band 1)

Träume

Lichtengel **Joel** – Engel zum Tor der Träume

„Eure Träume und Erlebnisse des Nachts sind mein Aufgabengebiet. Sie sind eine Basis und die Erholung für euch Menschen in jeder Nacht … doch, ohne dass ihr es merkt, bergen sie die wichtigeren Lehren in sich als die des Tages. Reiche mir deine Hand und lasse dich führen in die Wunderwelt der Träume, Sterne und Galaxien …"

(Lichtengel Joel / Stein: Nuumit / Band 3)

Trennung

Engel **Nuriiel** – Engel der Zusammenführung

„Was ist in euch gefahren, dass ihr über Trennung und Einsamkeit nachdenkt? Lasst mich unter euch sein, und Zwietracht, Verleumdung, Anfeindung oder erkaltete Gefühle werden von mir neutralisiert und wieder mit göttlichem Licht angereichert. Es gibt für alles und immer einen neuen Anfang, denn jeder Mensch hegt tief in sich das Bedürfnis nach Geborgenheit und Zärtlichkeit!"

(Engel Nuriiel / Stein: Zirkon braun / Band 1)

U

Überblick

Engel **Rehaaiel** – Schutzengel des Überblicks

„Halte dich an mir fest und verzage nicht! Ich gebe dir immer den Überblick in jeder Situation. Egal, ob am Tage oder in der Nacht – wenn du mich brauchst oder in Schwierigkeiten steckst, ich werde sofort zu dir eilen. Und wenn ich bei dir bin, wirst du nicht durcheinanderkommen und immer das Richtige im rechten Moment tun mit einer Ruhe und einem Überblick wie niemand sonst um dich herum."

(Engel Rehaaiel / Stein: Falkenauge / Band 1)

Engel **Haiel** – Engel der Ausrichtung

„Herr der Lage wirst du mit mir bleiben. Stärke und konstruktives Handeln gehen auf dich über. Undurchschaubare, verworrene Situationen werden sich für dich wie in klares Glas verwandeln, damit du immer den Überblick hast, den du brauchst, um deine Arbeit, dein Leben und deinen Alltag ohne störende Einflüsse, Schwingungen oder schnell aufkommende Nebel anderer Gedanken zu bewältigen."

(Engel Haiel / Stein: Zebra-Marmor / Band 1)

Engel **Ashtiel** – Engel der Übersicht

„Bevor du neue Pläne in die Realität umsetzen möchtest, rufe mich, und ich helfe dir, alle Aspekte miteinzubeziehen und behalte für dich die allumfassende Übersicht. In meiner Gegenwart im Hier und Jetzt wird dir nichts mehr entgehen und das Erreichen deiner Ziele wird dir sicher sein! Doch das betrifft nur jene unter euch, die ehrliche Absichten hegen."

(Engel Ashtiel / Stein: Gabbro / Band 1)

Übersinnliche Fähigkeiten

Engel **Vehuel** – Engel der Aurafarben

„Durch mich lernst du, die Aura zu sehen, die alles und jeden umgibt. Ich öffne deinen sechsten Sinn für diese Fähigkeiten und lehre dich unaufhaltsam, ihre Dichte, Weite und Schwingung zu verinnerlichen. Du wirst durch mich fähig sein, die Lichtkegel eines jeden Lebewesens auf dieser Erde, die von euch Menschen oder uns Engeln zu sehen sowie deuten zu können."

(Engel Vehuel / Stein: Regenbogen-Obsidian / Band 2)

Engel **Bokumiel** – Engel der Sinne

„Deine Sinne verbinden sich mit den meinen, und du wirst hören und fühlen können wie nie zuvor. Du wirst Klänge wahrnehmen, Schwingungen spüren, Bewegungen formen, wie nur wir Engel es vermögen zu können. Du bist eins mit uns ... eins mit Gott ... und eins mit dir selbst!"

(Engel Bokumiel / Stein: Dolomit weiß / Band 1)

Engel **Lanoiah** – Engel der Fähigkeiten

„Ich bin Engel des weiten Kosmos und fördere deine Wahrnehmung. Ich stärke die Intuition, Fähigkeit und Eingebungen. Durch mich wirst du zum Genie auf deiner Erde. Denn du wirst mit mir nicht nur die Gesetze und Strukturen deiner Welt durchschauen können, sondern auch die der anderen Planeten und der Ebenen des Universums."

(Engel Lanoiah / Stein: Granit / Band 2)

Engel **Jugula** – Engel der Lichtkraft

„Ich bin der Lichtstrahl, der dich zart berührt. Achte aufmeine Zeichen und Symbole. Ich lehre dich, die Kleinigkeiten wahrzunehmen und zu erkennen. Denn die eigentlichen Wunder liegen nicht im Großen. Wenn du erst die Fasern einer Pflanze sehen, fühlen und verinnerlichen kannst,

so spürst du, wie diese Pflanze fühlt. Du wirst eins sein mit ihr und Wunder des Lebens erleben, die du vorher niemals vermutet hast.“
(Engel Jugula / Stein: Turmalin gelb / Band 2)

Engel **Resethiel** – Engel der Entwicklung

„Jeder von euch Menschen hat die gleichen Fähigkeiten. Unterschiede gibt es nur in dem Alter eurer Seelen und dem daraus resultierenden Wissen. Ich lehre dich den Fortschritt deiner Seele und verhelfe dir dazu, alles zu bewältigen. Auch durch neue Lernentwicklungen und Wissenserweiterungen deines Geistes behältst du den Überblick. Deine Fähigkeiten auszubauen und zu fördern, ist wichtig, doch meist willst du zu viel und alles zu schnell! Mit Zärtlichkeit und Feingefühl werde ich unermüdlich nachhelfen bis zur Vollendung.“
(Engel Resethiel / Stein: Calcit orange / Band 2)

Engel **Oramos** – Engel der übersinnlichen Fähigkeiten

„Niemals zuvor gesehene Nuancen, wahrgenommene Töne und Stimmen von deinesgleichen oder anderen Wesenheiten werden sich dir offenbaren! Mit vorsichtiger Zurückhaltung lehre ich dich eines nach dem anderen, immer wissend, wie viel du fähig bist, aufzunehmen oder zu verstehen. Meine Arbeit bei dir wird lange dauern, und wir werden viele Wege zusammen gehen, bis mein Werk vollbracht und Gottes Wille geschehen ist.“
(Engel Oramos / Stein: Spinell schwarz / Band 2)

Engel **Sarim** – Verwandlungsengel in Gegenstände

„Mit mir verwandelst du dich in Gegenstände jeglicher Art. Fühle, das ‚eins' in anderen Formen und Objekten, die es auf deiner Erde gibt. Ändere durch sie deine Betrachtungsweise und Perspektive. Nutze diese Art der Arbeit mit mir für deine Entwicklung und dein Fortkommen

auf der Erde. Erkenne die Langlebigkeit eines Gerätes, bevor du es dir zueigen machst. Spüre durch diese Arbeit, ob es dir wirklich die Dienste leistet, die du von einer Maschine erwartest. Höre in sie hinein, ob sie gut gebaut und tadellos funktionstüchtig ist."
(Engel Sarim / Stein: Proustit / Band 3)

Lichtengel **Carbiel** – Engel der Mysterien
„Weißt du nicht mehr weiter, so helfe ich dir gern und zeige dir die Weltordnung aus kosmischer Sicht. Ich weihe dich in die Geheimnisse und Mysterien ein, die um dich herum geschehen. Meine Anwesenheit ist unauffällig, und doch strahle ich weiter als du es dir vorstellen kannst. Mit mir bist du in der Lage, dein Drehbuch des Lebens zu berichtigen und nach deiner Vorstellung zu ändern. Nicht nur für dich, sondern auch im Grenzbereich für deine Mitmenschen."
(Lichtengel Carbiel / Stein: Kupferkies / Band 2)

Universum

Engel **Kibigili** – Engel des Kosmos
„Ich reise nur des Nachts auf Erden, im Schein der Sterne, denn diese sind Plätze der Göttlichkeit. Nicht alle, doch viele. Mit mir lernst du alle Galaxien kennen, alle Sternengruppen und Nebel, die in Verbindung mit uns Engeln stehen und zusammen mit uns die Kanäle der Wanderung ergeben. Denn nur so gelangen wir Engel von einer Ebene zur anderen. Ich bin der Wächter der Wanderungskombinationen. Nur von mir erlernst du die Daten und Zusammensetzungen, die es ermöglichen, pünktlich an dem Ort zu sein, an dem eine Wanderung stattfinden wird. Die Kanäle drehen sich und bleiben niemals auf einer Stelle stehen … sie wenden sich solange, bis sie sich wieder verschließen."
(Engel Kibigili / Stein: Galaxyit / Band 3)

Lichtengel **Leliel** – Engel der Sterne

„Komm her zu mir, mein Kind. Das ist die Welt der Universumsengel, und ich bin Leliel. Meine Aufgabe ist die Verbindung von deiner Erde zu unseren Sternen. Ich bin eine Botin der Universumsengel. Ich zeige dir die Welt außerhalb der deinen und bringe dich zu jeder Sternengruppe, damit du ihr Wissen in dir aufnehmen kannst."

(Lichtengel Leliel / Stein: Aventurin schwarz / Band 3)

Engel **Hagonel** – Engel der Galaxien

„Verstehst du meine Worte, so bist du auserwählt, weiterzuwandern. Ich werde dich führen in die Wirkungskreise der Galaxien. Ob bei Tage oder bei Nacht, ich kenne jeden Stern, jeden Ort und bin angewiesen, dir alles zu zeigen, was du sehen möchtest. Meine Reisen führen dich auf die Milchstraße, von der aus du weiter entscheiden kannst, wie du wandern möchtest. Ich hüte und bewache dich und lenke dich in die Richtung, für die ich von Gott selbst den Auftrag erhalte."

(Engel Hagonel / Stein: Steinmeteorit / Band 3)

Engel **Hadcu** – Engel der Nebel

„Ich bin für dich die Verbindung ins All. Ich bin die Brücke zu den Dimensionen, zu anderen Galaxien, die außerhalb derer von den anderen Engeln liegen, die du bereits kennengelernt hast. Ich bin der Verbindungsengel der 3. Universumsebene, der dich zu den alten Wesen und Kulturen, Weisen und Existenzen führt, damit du diese studieren und nach deiner Rückkehr auf die Erde das Erfahrene unter deinesgleichen weitergeben kannst."

(Engel Hadcu / Stein: Eisenmeteorit / Band 3)

Engel **Aurel** – Engel der Weisheit

„Ich komme im Strahl des goldenen Lichts. Nichts wird dir mehr fremd sein, kleine Seele. Vereine dich mit meiner Weisheit der Sonne, des

Mondes und aller Planeten, die deine Erde umgeben. Ich bin es, der dich mit allem verbindet und dich mit dem Licht Gottes erleuchten lässt. Ich bin eure Brücke in die Helligkeit, die jeder von euch Menschen auf dieser Erde sucht…"
(Engel Aurel / Stein: Brasilianit / Band 3)

Unruhe

Engel **Jelajel** – Engel der inneren Unruhe
„Die Unruhe tief in deinem Selbst ist kein Grund dafür, jemals aufzugeben! Ich verleihe dir meine Stärke und erfülle dich mit Freude … denn nur in dieser Ruhe wirst du alles erreichen."
(Engel Jelajel / Stein: Aventurin rot / Band 1)

Unterwelt

Engel **Arathon** – Engel des Schicksals
„Manche von euch begeben sich freiwillig auf den Weg in die Dunkelheit… und genau über diejenigen wache ich, Arathon, sehr sorgfältig! Sie wenden sich von uns Engeln ab und der Finsternis zu. Sie hören deren Rufe, sie bieten sich der Unterwelt als Helfer an. Ich, Arathon, beobachte sie, denn eines Tages kommt der Moment, an dem sie sich wünschen werden, dies niemals getan zu haben. Es sind die Reue und das Heimweh, die durch die Ebenen schallen, und ich werde bei ihnen sein, um sie dann nach Hause in die Göttlichkeit zurückzuführen."
(Engel Arathon / Stein: Wardit / Band 3)

Engel **Yomael** – Erinnerung an die göttliche Herkunft
„Ich, Yomael, bin der, der die aus der Finsternis herausführenden Wege kennt und dich an die göttliche Heimat erinnert. Ich bin es, der dir den Mut gibt, aufzustehen und niemals aufzugeben, bis du wieder mitten unter uns

bist. Ich bin es, der deine Seele stärkt und reinigt und dich vorantreibt, bis mein Ziel an dir vollbracht ist. Ich bin es, der dir die Erinnerung an dich selbst und an unser Zuhause zukommen lassen kann … damit du dein Licht und deine göttliche Seele wieder erkennst. Denn das wird es sein, was in vielen Momenten der Rückreise deine Existenz erhält!"
(Engel Yomael / Stein: Eosphorit / Band 3)

Engel **Barbiel** – Engelführer zu Verstorbenen

„Ich bin Barbiel, einziger Engelführer in das Reich der Toten. Im Auftrag Gottes hüte ich das Geheimnis und die Wege der Erde zur Verbindung mit dem Verstorbenen. Wenn du den Kontakt zu deinen Ahnen suchst, so rufe mich! Ich, Barbiel, werde sie dir bringen oder dich zu ihnen führen. Rufe niemals selbst einen Verstorbenen und gehe niemals zu ihm alleine! Nur in meiner Obhut findest du wieder nach Hause! Ich kenne alle Heucheleien und setzte dich in den Nebel des Unkenntlichen, dass die Hände der Gesetzlosen, die unseren Weg kreuzen werden, keine Macht auf dich ausüben können!"
(Engel Barbiel / Stein: Phantomquarz / Band 3)

Engel **Natiel** – Schutzengel vor Versuchungen

„Ich bin Natiel. Und ich bin es, der euch hüten wird vor allen Versuchungen. Ich bewahre euch vor den Heucheleien und Reizen der Unterwelt. Ich bin zuständig für die auserwählten und in ihrer Entwicklung fortgeschritteneren Seelen unter euch. Denn nach euch trachten nicht mehr nur die Schattenwesen, die sich eurer Körper auf der Erde bedienen wollen, sondern die größeren Mächte der Unterwelt. Ich, Natiel, bin der Schutzengel der Führer, die sich nicht in kleinen Dingen verheddern, sondern in den großen Machtspielen zwischen den Göttern der Helligkeit und der Finsternis."
(Engel Natiel / Stein: Steatit / Band 3)

Engel **Jeremiah** – Engel der überschüssigen Energien

„Ich, Jeremiah, bin ein Wächter der Kanäle zur Unterwelt. Jeder Ort, der einst versiegelt wurde, wurde für gewöhnlich mit Grotten gekennzeichnet. Ich führe dich an jene Plätze und lehre dich, was zu tun ist. Wie du diesen Ort reinigen und ihm huldigen kannst. Es sind die Gebete von euch Menschen, die diese Siegel standhalten lassen. Wenn du meinem Ruf nicht folgst, so werden sie eines Tages brechen und die Mächte der Finsternis durch diesen Zugang abermals auf diese deine Erde zurückkehren!"

(Engel Jeremiah / Stein: Thomsonit / Band 3)

Unzufriedenheit

Engel **Manakel** – Engel des Ausgleichs

„Disharmonien bringen meist einiges durcheinander und läuten damit Veränderungen ein. Alles Leben auf der Erde unterliegt dem Gesetz des Gleichgewichts und der daraus resultierenden Harmonie. Mit Offenheit lasse ich dich die Unstimmigkeiten in dir und die um dich herum deutlich erkennen und fördere die Einsicht und das Verstehen, immer den richtigen Ausweg, egal in welcher Situation, zu finden."

(Engel Manakel / Stein: Azurit-Malachit / Band 1)

Engel **Camuel** – Engel der Unzufriedenheit

„Du bist oft unzufrieden und unausgeglichen, denn du tust viel zu viel für andere. Du halst dir Aufgaben und Verpflichtungen auf, die andere dir antragen. Du fühlst dich für alles verantwortlich und bietest dich förmlich an, alles zu übernehmen. Es ist meine Aufgabe, dich an diese Erkenntnis zu führen. Nur dadurch kehren deine Ruhe, dein innerer Ausgleich und der Einklang wieder in dir ein, die dich erfüllen mit dem Glück deines Seins."

(Engel Camuel / Stein: Pyritachat / Band 1)

Engel **Aduachiel** – Engel der Gerechtigkeit

„Unzufriedenheit, Unausgeglichenheit und Ungerechtigkeiten gehören in meinen Bereich. Meine Gerechtigkeit waltet über deinen Vorstellungen, damit du mit neuen Entscheidungen nicht das Gleichgewicht in dir selbst und zwischen den Menschen um dich herum beeinflusst und somit wieder ein Ungleichgewicht verursachst."

(Engel Aduachiel / Stein: Onyx-Marmor / Band 1)

Engel **Pahaliah** – Engel des Gleichgewichts

„Lasse dich nicht umwerfen von Nichtigkeiten oder Unlust um dich herum, auch wenn sie dir noch so groß erscheinen mögen. Ich bringe dir die Konzentration, Redekunst und Sicherheit in dein Leben, damit du allem standhältst, was auf dich je zukommen wird!"

(Engel Pahaliah / Stein: Cinnabarit/Zinnober Kristall / Band 1)

V

Verbindungsengel

Engel **Djibriel** – Engel der Welten

„Ich bin durch dich die Führung des Wissens in die Elementarwelten. Ich bin die Heilung eines jeden, sowie die Reinigung Gottes. Nimm mein Licht an, mein Kind, und du wirst mit mir und durch mich in alle Welten und Elemente, Planeten und Universumsebenen wandern können. Denn mein Ziel ist, dass mein Wissen durch dich in alle Dimensionen getragen wird."

(Engel Djibriel / Stein: Herderit / Band 3)

Engel **Ikrus** – Engel des göttlichen Bewusstseins

„Fühle meine Klarheit, meine Kühle, meine Stärke und meinen Glauben. Ich bin die Verbindung der Welt zu den göttlichen Weiten. Bevor du diese Tore durchschreitest, höre meine Warnung! Es gibt kein Zurück und keine Veränderung mehr! Realisiere bewusst, wohin dein Weg gehen soll. Die Kraft und Weisheit hierfür gebe ich dir und stehe dir bei, bis du die ersten Schritte getan hast."

(Engel Ikrus / Stein: Thaumasit / Band 3)

Engel **Manu** – Engelführer in alle Ebenen

„Ich bin deine Verbindung zu allen Ebenen der Göttlichkeit. Ich überreiche dir, im Namen des hohen Rates, den Schlüssel, um alle Wege von der Erde aus passieren zu können. Halte diesen Schlüssel tief in einem Inneren verborgen, denn er darf niemals in falsche Hände geraten! Durch mein Licht, das du jetzt in Händen hältst, werden dir Gottes Gnade, Barmherzigkeit, Schutz und Führung zuteil. Du bist ein Lichtarbeiter unserer Reihen und alle Tore der Ebenen mögen dir immer offenstehen!"

(Engel Manu / Stein: Zapfensande / Band 3)

Engel **Rigziel** – Engel der Menschen

„Öffne dich meinem Licht und der Sprache der Liebe. Ich, Rigziel, bin deine Verbindung zu anderen Menschen auf der Erde. Ich fördere in dir das Mitgefühl und die vernünftige Zuneigung zu oder auch Abneigung gegenüber einem Mitmenschen, der sich nicht unserer Welt und der damit verbundenen Lehre öffnen will. Nimm mein Licht der Verbindung an, ich bin es, über dessen Schwelle ihr Menschen der Erde gehen müsst, um in die neue Dimension zu gelangen …"

(Engel Rigziel / Stein: Azurit-Chrysokoll / Band 3)

Vergangenheit

Engel **Jephthael** – Engel der Innenschau

„Erst, wenn du weißt, was du in der Zukunft erreichen möchtest, stellst du entsprechend die Weichen in deiner Gegenwart. Letztendlich blickst du in deine Vergangenheit und siehst den Verlauf, ob du alles erreicht hast. Du wirst immer in die Vergangenheit, die jeden Tag um einen Tag reicher wird, zurückwandern können und die Lehren, Erfahrungen und das Wissen, die sich dort angesammelt haben, wie aus einer großen Schatztruhe herausnehmen können."

(Engel Jephthael / Stein: Turitella-Jaspis / Band 3)

Engel **Cermiel** – Engel der Rückführung

„Es wiederholt sich alle sieben Jahre ein Teil eines früheren Lebens, um nicht beendete Aufgaben, ehemalige Fehler und Muster aufzulösen. Ich führe dich in deine Vergangenheit, in deine einstigen Seelenleben, damit du in sie eintauchen kannst, um sie in Kürze noch einmal zu durchleben. Entnimm ihnen die wichtigsten Informationen und verknüpfe sie mit dem Wissen, das du bereits in dir verankert hast. Daraus wird eine neue Weisheit geboren, die alle Knoten in deinem jetzigen Leben lösen wird."

(Engel Cermiel / Stein: Schwefelaragonit / Band 3)

Engel **Losimon** – Engel der alten Zeit

„Je mehr du in der Gegenwart, in deiner jetzigen Realität, erlernst, desto reichhaltiger wird deine Vergangenheit sein und desto farbenfroher deine Zukunft. Halte immer an den Möglichkeiten fest und betrachte nicht nur dein Leben in diesem Moment. Denn das, was vorübergeht, ohne genutzt zu werden, ist zu schade für jeden gelebten Tag auf diesem wundervollem Planeten, den wir Erde nennen."

(Engel Losimon / Stein: Opal-Holz / Band 3)

Vergebung

Engel **Hestiel** – Engel der Vergebung

„Verzeihen ist eines der wichtigsten Güter, die ihr Menschen für diese Erde mitbekommen habt. Streit, Meinungsverschiedenheiten, Verleumdungen und neidvolle Worte sind unter euch weit verbreitet und dringen wie Gift in den Gegner ein. Ob das bewusst oder unbewusst geschieht, so dürfen sie nicht stehen bleiben! Sei dir in einem ganz gewiss: Was sich in diesem Leben nicht auflöst, wird im nächsten auf dich zurückfallen!"

(Engel Hestiel / Stein: Natrolith / Band 2)

Engel **Anachel** – Engel der Anmut

„Dein Leben ist oft nicht leicht, und du bist von Anfeindungen, negativen Einflüssen, Hartherzigkeit, Machtmissbrauch und Intrigen von allen Seiten umzingelt! Du bist stolz! Erhebe dich und schreite mit Würde und Anmut durch dein Leben! Bewunderer werden deinen Weg säumen und du wirst ihnen ein Vorbild sein … und das ist es, was letztendlich zählt."

(Engel Anachel / Stein: Moosachat rosa / Band 2)

Versprechen

Engel **Boreb** – Engel der Versprechen

„Wenn ihr eine Abmachung getroffen oder ein Versprechen euch untereinander gegeben habt, so solltet ihr euch daran halten. Ich bin Richter und spreche Recht bei Schwüren und Gelöbnissen. Ich werde darüber wachen, dass jeder seinen Part erfüllt, damit alles für beide Seiten korrekt verläuft."

(Engel Boreb / Stein: Rauchquarz / Band 1)

Verwünschungen

Engel **Oranir** – Schutzengel vor dem bösen Blick

„Dunkle Blicke von Seelen unter euch verderben dir die Freude am Leben und hindern dich, dem lichten Weg zu folgen. Hass und Verwünschungen sind Wächter, die dich daran hindern, frei dein Leben zu gestalten. Ich, Engel Oranir, wende Negatives ab und drehe es in das Licht der Göttlichkeit."

(Engel Oranir / Stein: Granat Melanit / Band 1)

Engel **Armaros** – Schutzengel vor Verwünschungen

„Neider um dich herum beeinflussen dein Glück und deine Familie. Verwünschungen zerstören dich und dein Leben ... Ich lehre dich, diese Gedanken abzufangen und mit dem Licht der Liebe zu reinigen. Sende niemals den Hass zurück, der dir entgegengebracht wurde … denn dann bist du genau wie derjenige, der ihn dir einst gesandt hat."

(Engel Armaros / Stein: Fossil-Opal / Band 1)

Vision

Engel **Remiel** – Engel der Vision

„Meine Aufgabe ist es, dich trotz Träumen und Visionen in dir selbst zu verankern, damit du den Halt auf der Erde niemals verlierst. Denn Träume, Gedanken und Vorstellungen, auf deine Gegenwart oder Zukunft bezogen, sind gut ... Visionen hingegen sind gefährlich, es sind Wunschträume, die niemals in Erfüllung gehen werden! Damit verirrst du dich wie in einem Labyrinth, aus dem es keinen Ausgang gibt."

(Engel Remiel / Stein: Rutilquarz rot / Band 2)

Engel **Paschar** – Engel der Realität

„Ich bin der Hüter deiner Luftschlösser. Du darfst sie haben, so viele du willst. Jedoch werde ich sie unterbinden, wenn sie unrealistisch und gefährlich werden. Dein Leben befindet sich im Hier und Jetzt und nicht irgendwo in fremden Welten!"

(Engel Paschar / Stein: Labradorit grün / Band 2)

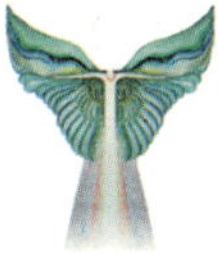

W

Wahrheit

Engel **Asha** – Engel der Heiligkeit und Ordnung

„Lerne mit mir die Wahrheit kennen und die Ordnung, die sich daraus ergibt. Nur ehrliche Worte und Taten bereiten dir den Boden für deinen nächsten Schritt. Und nur sie werden es sein, die dich zu uns Engeln geleiten."

(Engel Asha / Stein: Lasurit/ Lapislazuli mit Calcit / Band 2)

Engel **Kesbetz** – Schutzengel der Entwicklung

„Wenn du bereit bist, ohne Ausreden und Vorwände deinen Weg des Lebens anzutreten, werde ich dir alles zur Verfügung stellen, was du dazu benötigst. Ich leuchte dir den Weg, ich versehe dich mit allen Kräften und begleite dich, bis du dieses Fundament der Entwicklung errichtet hast. Von dort aus kannst du jeden Weg zu uns Engeln oder deiner Bestimmung einschlagen."

(Engel Kesbetz / Stein: Calcit weiß)

Engel **Dokiel** – Engel der Transparenz

„Lügen verabscheue auch ich zutiefst. Falschheit und Heucheleien gehe ich aus dem Weg. Ich werde in dir sein, und du wirst erstrahlen in meinem Licht. Nur Offenheit, Ehrlichkeit und Geradlinigkeit sind die Tugenden der Zukunft."

(Engel Dokiel / Stein: Hiddenit / Band 2)

Lichtengel **Koreh** – Engel der Wahrheit

„Ich, Koreh, lehre dich die reinen lichtvollen Worte. Du wirst Unwahrheiten in Wahrheit verwandelt. Du wirst nicht beliebt sein, weil die Menschen nur danach streben, sich in Lügen und Verstrickungen zu hüllen. Du wirst andere erwecken, an der Hand nehmen und aus dem Lügennetz, in dem sie sich in ihrem Leben befinden, herausführen. Du wirst ihr Führer sein, der sie vor ihren eigenen Traumwelten bewahrt. Doch du wirst diese Seelen nicht ins Licht führen und auch nicht zu uns Engeln, sondern in ihre spirituelle Einsamkeit, in ihre wahre Realität. Damit jede dieser Seelen die Augenblicke der eigenen Weisheit und Wahrheit erkennen kann."

(Lichtengel Koreh / Stein: Wismut / Band 3)

Wandlung

Engel **Cambiel** – Lehrer der Verwandlung

„Bist du bereit, dich zu lösen von deinen engstirnigen Einstellungen? Bist du bereit, dich führen zu lassen in andere Welten? Betrachte mich in Ruhe und tauche ein in die Tiefe der Umwandlung. Ich bin deine Begleitung auf diesem Weg der Transformation und des Verstehens für andere Wesen. Lerne sie kennen und öffne dich für neue geistige Kontakte, die dir geschenkt werden, um an ihnen zu wachsen."

(Engel Cambiel / Stein: Kieseltuff / Band 2)

Engel **Nadar** – Lehrer der Umwandlung

„Du arbeitest wie eine Wühlmaus, ohne auf mich zu hören. Überspiele nicht mit überzogenem Fleiß den Kummer und die Hilflosigkeit, die wirklich in dir stecken. Fühle in dich hinein und spüre deine eigene Zerrissenheit. Ich, Nadar, führe deine Seele mit deinem Körper zusammen und verbinde alles mit den Lehren der Engel, die dich bislang aufsuchen durften."

(Engel Nadar / Stein: Schalenblende / Band 2)

Engel **Verchiel** – Engel der Veränderung

„Ich bin das Licht, die Wärme und deine Sonnenkraft! Auch ich bin ein Engel der Begleitung und biete dir meine Hilfe an, um den hellen Weg zu beschreiten. Ich halte dich fest und werde bei dir sein, wenn dein Leben sich zu schnell verändert. Ist die Zeit für Umwandlungen gekommen, solltest du alles erst genau betrachten, bevor du die Dinge aus eigenem Willen heraus veränderst."

(Engel Verchiel / Stein: Islandspat / Band 2)

Lichtengel **Sagdalon** – Engel der Wandlung

„Willst du derjenige sein, der die Persönlichkeit der Suchenden formt? Willst du der Erdenengel sein, der den Wandel der Veränderung in jedem hervorruft? Dann zeige mir, dass du keine Angst verspürst davor, diese Verantwortung zu übernehmen. Denn du wirst derjenige sein, der die Zukunft der Suchenden auf dieser Erde nicht nur beeinflusst, sondern beginnen lässt. Nur du wirst in der Lage sein, die Fähigkeiten und Möglichkeiten der Suchenden zu erkennen und auf die richtigen Pfade zu leiten. Du wirst die Ursache dafür sein, dass für den Suchenden die Wege in die Zukunft direkt zu uns Engeln führen."

(Lichtengel Sagdalon / Stein: Beryllonit / Band 3)

Wasser

Engel **Baragalis** – Engel der Wassersprache

„Mit mir erlernst du erneut die vielen verschiedenen Sprachen des Wassers: die der Regentropfen, des Nebels, der Bäche und Flüsse sowie der Seen und Meere. Die jeder Woge, jedes Rinnsals, jeder Welle. Die der Wolken gleichermaßen wie die des Hagels, Schnees oder die der Eisblumen. Ich bin die Reinigung auf der Erde für euch Menschen und bringe die Botschaften der Heilung aus allen Ebenen, damit du diese für dich und andere auf deiner Erde nutzen kannst."

(Engel Baragalis / Stein: Kamacit / Band 3)

Engel **Mael** – Engel der Wasserintelligenz

„Ich bin Mael, die Verbindung des Wassers in den Astralebenen. Ich zeige dir die Vergangenheit und die Bahnen des Wassers unter der Erde, die alles – zu jeder Zeit – speicherten. Die Führungen der Flüsse zu den Energielinien und Kreuzpunkten der Göttin sind nur mir bekannt, ebenso die Stärkung der Wurzeln, die mit dieser Kraft die Baumhüter ihrer Welt, deiner Erde, miteinander verbindet. Ich bringe die Informationen durch Quelle und Bach von Wächter zu Wächter. Lass alte Intelligenz mit der neuen verschmelzen, und es wird wieder so lichtvoll auf deiner Erde werden, wie es vor langer Zeit bereits schon einmal war."

(Engel Mael / Stein: Johannsenit / Band 3)

Engel **Messiach** – Engel der Wasserriten

„Auch das Wasserelement hat seine Riten, die ich vorhabe, dich zu lehren. Es sind die Wogen, die Tropfen, die Nebel … die sich zu Heilgebeten formen, die Gott einst selbst auf diese Erde brachte. Jede Welle, jede Brandung ist ein Wort davon … zur Wiederbelebung der Erde, der Elemente und besonders von euch Seelen, die auf dieser Erde, unserer Göttin, leben."

(Engel Messiach / Stein: Rutilquarz blau / Band 3)

Engel **Andrachor** – Engel der Wasserstärke

„Ich bin die Stärke, die Kraft und die Führung, die euch mit diesem Element den Weg weisen. Ich führe euch in die Bewegung des Loslassens, der Woge, die euch in den Fluss bringt, endlich etwas zu verändern. Lasse dich von mir treiben an die Ufer, an denen dein Wissen, deine Kraft und deine Führung gebraucht werden! Steh auf und schwimme mit dem Strom der Stärke, Heilung sowie Reinigung Gottes!"

(Engel Andrachor / Stein: Sternsaphir / Band 3)

Wegbegleitung

Engel **Ammixiel** – Engel der sanften Lösung

„Dein Weg ist nicht immer der richtige, gerne helfe ich nach, dir das zu zeigen. Ich stärke deine Selbstsicherheit, deinen Mut, deine angespannten Nerven und vermittle dir Sorglosigkeit, um deine Ziele zu erreichen. Je verbissener und ernster du bist, desto weiter rückt dein Ziel in die Ferne, und desto schwieriger wird es, deinen Weg jemals zu Ende zu gehen."

(Engel Ammixiel / Stein: Flint / Band 2)

Engel **Milon** – Engel der Wege

„Dein Weg und auch jeder andere ist mir bekannt. Jedes Schicksal liegt in meiner Hand. Ich führe dich an die Weggabelungen deines Lebens. Entscheiden musst du selbst ... doch tue dies niemals in Eile! Wege sollten gut durchdacht, geplant und reflektiert werden. Weder der beste Weg, noch der einfachste und auch nicht der steinigste ist für dich bestimmt. Setze dich zu mir, und wir wägen für dich die Vor- und Nachteile jeweils ab."

(Engel Milon / Stein: Sphen / Band 2)

Engel **Melathiel** – Engel der Begleitung

„Ich bin die Orientierung und dein Licht auf jeder Reise. Bei jeder Abzweigung werde ich bei dir sein. Ich behüte dich und verhindere, dass du in dein Unglück läufst. Lass dich niemals verleiten oder beeinflussen von anderen Menschen um dich herum, denn sie kennen deine Wege nicht. Nur du bist es, der sie kennt. Jetzt und in alle Ewigkeit."

(Engel Melathiel / Stein: Opal grün / Band 2)

Engel **Negani** – Engel des allumfassenden Blickes

„Blicke nicht nur nach vorne, sondern koste von den Facetten, die das Leben mit sich bringt. Es gibt nicht nur immer eine Richtung, die gut für dich ist. Lerne von anderen Menschen, beobachte ihre Werke und Taten und füge sie in die deinigen ein. Mit einem allumfassenden Blick um dich herum erhältst du neue Erfahrungen und Sichtweisen, die dich einmal sehr bereichern werden. Mit mir bist du geerdet und doch ganz weit weg in allen Ebenen ..."

(Engel Negani / Stein: Aragonit blau / Band 2)

Engel **Karmael** – Engel deines Weges

„Auch ich begleite dich auf all deinen Wegen. Rufe mich bei wichtigen Entscheidungen, und ich werde dich bewahren vor Unglück und Schaden. Wer meine Worte versteht und verinnerlicht hat, weiß, wie groß mein Aufgabengebiet ist und wie wichtig meine Worte für jeden von euch sind!"

(Engel Karmael / Stein: Amazonit / Band 2)

Engel **Nelekael** – Engel der Wahrheitssuchenden

„Vertraue mir, auch ich bin ein Wegbegleiter. Mir ist bekannt, was du in diesem Leben lernen musst, und ich geleite dich zu deinem Meister des Wissens. Entscheide niemals für andere oder mit anderen. Es ist alleine

dein Weg, und die ehrliche Betrachtung wird dich führen in die Ebenen des Göttlichen. Die Wahrheit ist das Licht, nach dem alle streben und aus dem alles geboren wird."
(Engel Nelekael / Stein: Chromdiopsid / Band 2)

Engel **Altont** – Engel der Einsicht
„Nach den Entscheidungen, die du auf deinem Weg getroffen hast, gebe ich dir die stabile Richtung und bereite dich auf das Kommen der prüfenden Engel vor. Versinke mit mir in die Stille, und ich führe dich an deine Einsicht, Einkehr und zu dem Rückzug, die angebracht sind, um notwendige Kräfte zu sammeln, damit du deine weiteren Wege zu uns Engeln finden kannst."
(Engel Altont / Stein: Achat rot / Band 2)

Engel **Zafkie** – Engel des Verstandes
„Ich bin deine Konzentration. Ich hüte dich, dass du deine Ziele nicht immer wieder aus den Augen verlierst. Ich komme, wenn ich merke, dass du verleitet wirst, den Weg deiner Entwicklung zu verlassen. Ich dulde keine Störungen, die ihr Menschen nur zu gern in euer Leben einlasst, um euch abzulenken. Ich ziehe einen Schutzwall um dich und bewahre dich vor unvernünftigen Handlungen und voreiligen Entscheidungen."
(Engel Zafkie / Stein: Fuchsit-Disthen / Band 2)

Engel **Leuviah** – Engel der Urteilskraft
„Ich habe den allumfassenden Überblick des ganzen Regimes auf der Erde und leuchte mit der mir anvertrauten Weisheit Gottes über jedem von euch. Ich fördere in dir deine Urteilskraft, um zu entscheiden, welcher der richtigere Weg für dich ist. Mit meinem Rat werde ich dir immer zur Seite stehen. Ich stärke dein Gedächtnis, deine Geisteskraft und die gedanklichen Kombinationen in dir, damit du alles aus meiner Lehre nie wieder vergisst!"
(Engel Leuviah / Stein: Calcit blau / Band 2)

Engel **Damiel** – Engel der Weiterentwicklung

„Du bist Herr über dein Leben und entscheidest, ob ich dir behilflich sein soll oder nicht. Wenn ja, so bin ich deine Wegweisung in die Entwicklung, die dir beruflich und spirituell förderlich ist. Bitte betrachte nicht nur die irdischen Wege, sondern auch die geistigen. Beides gehört zusammen und ist die Waage deines Lebens, die immer im Gleichgewicht sein sollte."

(Engel Damiel / Stein: Vesuvian / Band 2)

Engel **Dosom** – Engel der Orientierung

„Ich bin Engel des Lichtes und öffne deine Kräfte. Ich stärke dich mit dem Wissen, das du für den weiteren Weg benötigst. Jetzt kommt die Zeit des Lernens und der Entwicklung. Ich bin deine Wegbegleitung und Orientierung. Verzage nicht, wir beide bewältigen alles Kommende, und jede Aufgabe wird sich für dich zum Guten wenden."

(Engel Dosom / Stein: Eudialyt / Band 2)

Wertschätzung

Engel **Haven** – Engel der eigenen Wertschätzung

„Blicke mit dir in deine Vergangenheit und erkenne, was für ein wundervolles, göttliches Geschöpf du bist! Du hast Fähigkeiten wie niemand sonst! Betrachte dich selbst und lerne, dich zu lieben, wie du bist! Meine Farben sind dein Halt und deine Stabilität, um dich selbst zu erkennen."

(Engel Haven / Stein: Ammonit/Fossil / Band 2)

Engel **Mikail** – Engel der Seelenerkenntnis

„Seelenerkenntnis ist das Streben nach Wahrheit und Bewusstsein. Doch das bedeutet nicht das Forschen im Äußeren, sondern nur das Suchen und Finden des inneren Wesens deiner eigenen Seele und

der Weisheit, die sie in all den vielen Erdinkarnationen erlernt und gespeichert hat. Wenn du nur einmal zur Ruhe kommen würdest, hättest du einen Einblick in deine physische Welt. Du würdest dein Wissen schätzen und jede Aufgabe dadurch bewältigen.“
(Engel Mikail / Stein: Kalkoolith / Band 2)

Wissensvermittlung

Engel **Jrachor** – Engel der Wissensvermittlung
„Ich bin Wort, Tat und Gedankenkraft für dich. Selbstsicherheit und Zuversicht in Verhandlungen sind dir sicher. Du wirst mit mir neue Kontakte knüpfen und ein bewundernswertes Auftreten haben. Ich vermittle dir im richtigen Moment das Wissen, das du brauchst. Nimm die Bedachtsamkeit, Ruhe und Besonnenheit von mir auf, so wird die Sonne über dir strahlen und dein Gegenüber respektvoll vor dir stehen.“
(Engel Jrachor / Stein: Chalcedon-Rosette / Band 1)

Wunder

Engel **Primeumation** – Engel der Erfüllung
„Ich bin das Fenster zu deiner Seele und verstehe alle Wünsche ohne gesprochene Worte. Meine unsichtbaren Schaffenskräfte sind die reine Magie der Fokussierung, die ich dir zeigen und, wenn du möchtest, auch an dir anwenden werde.“
(Engel Primeumation / Stein: Honigblende / Band 1)

Engel **Ausiel** – Engel des neuen Beginns
„Hoffnung auf Veränderung ist wie das Aussprechen eines Wunsches, und genau dafür bin ich hier. Doch vorab werde ich dir einen Blick in die Zukunft gewähren, damit du selbst abschätzen kannst, ob das

Resultat deines Wunsches auch wirklich so sein wird, wie du es dir erhoffst. Denn eines ist sicher: Ausgesprochene Wünsche können nicht mehr rückgängig gemacht werden!"
(Engel Ausiel / Stein: Analcim / Band 1)

Lichtengel **Hamied** - Engel der Wunder
„Wunder gibt es, Wunder geschehen, Wunder werden dir zuteil und wachen ab diesem Zeitpunkt der Entwicklung über jeden von euch. Ich hülle dich mit diesen Worten still in die Wunder der Göttlichkeit ein, die dir auf jedem Schritt deines Weges begegnen. Diese Wunder sind es, die dich täglich an uns, dein göttliches Zuhause und deine eigenen Kräfte erinnern, die dich an die weiteren Weggabelungen deiner Entwicklung führen."
(Lichtengel Hamied / Stein: Septarie / Band 3)

Wunscherfüllung

Engel **Emrudue** – Engel der Wunscherfüllung
„Ich bin dein Glück, dein Erfolg, deine Erfüllung im kleinen Bereich. Mit tiefer Liebe zu dir und deiner Innigkeit geschehen die kleinen Wunder im Leben. Wünsche dir, was immer du willst. Wenn deine Wünsche für mich nicht zu groß sind, gehen sie in Kürze in Erfüllung."
(Engel Emrudue / Stein: Moqui Marbles / Band 1)

Engel **Argilo** – Engel der Wunscherfüllung
„Als dein Freund begleite ich dich und helfe, wo ich kann. Erkläre mir genau deine Vorstellungen, und ich werde mein Bestes geben, deine Wünsche zu erfüllen, denn es gibt nichts Schöneres als die Harmonie und den Kontakt untereinander, zwischen dir und mir … dir als Mensch und mir als Engel."
(Engel Argilo / Stein: australischer Amulettstein / Band 1)

Engel **Jamarah** – Engel der Wunschvorstellung

„So, wie du dir wünscht, zu sein, so werde ich dich gestalten: ob es dein Aussehen, deinen Gang, deine Noten, deine Werke, deine Arbeit oder deinen Lebensstandard betrifft. Soweit deine Herzenswünsche für mich realisierbar sind, werden sie sich durch mich erfüllen."

(Engel Jamarah / Stein: Imperial-Jaspis / Band 1)

Engel **Fortuna** – Engel der Wünsche

„Durch mich geschehen die Wunder des Lebens. Bist du in deiner Mitte, liebst und achtest die Natur und deine Mitmenschen und dienst ihnen, so bin ich befugt, dir alle Wünsche zu erfüllen. Mein göttlicher Auftrag geht über Grenzen hinaus, deren Überschreitung nur mir und sonst keinem anderen Engel durch die Erlaubnis von Gott, unserem Vater, gestattet worden ist."

(Engel Fortuna / Stein: Turmalin grün / Band 1)

Z

Zielverfolgung

Engel **Maldydael** – Engel des Willens

„Hast du ein Ziel vor Augen, so werde ich bei dir sein, und wir gehen deinen Weg gemeinsam. Ich lehre dich, Kräfte und Worte richtig einzusetzen und maßvoll damit umzugehen! Denn du bist erwählt, ein zukünftiger Engel zu werden, jedoch musst du noch sehr viel lernen!"

(Engel Maldydael / Stein: Fuchsit-Rubin / Band 2)

Zorn

Engel **Jvar** – Engel der Beherrschung

„Werde Herr über deine Taten und Entscheidungen. Lasse dich nicht verleiten zu Ausschweifungen und Zorn. Sie sind nicht dein Werk, sondern das von anderen Wesen, die sich deiner bemächtigen. Sie verwandeln Freude in Zorn, Liebe in Hass, Fröhlichkeit in Aufwallungen. Ich bin der Engel der Selbstbeherrschung und verleihe dir die Kräfte, deine Gefühle zu kontrollieren und sie ganz fest in den Händen zu halten. Dadurch wird wie einst deine Lebensfreude wird wieder Einzug halten."

(Engel Jvar / Stein: Chyta / Band 1)

Engel **Eguel** – Engel der Disziplin

„Dein trotziges Verhalten und deine hysterische Anfälle bringen dich nicht weiter. Wenn ich komme, hat das ein Ende! Denn sie sind nichts anderes als die Gier nach Luxus, die eure Seelen vergiftet. Ich bin es, der schlichtet, wie ein Richter auf der Erde."

(Engel Eguel / Stein: Prasem / Band 1)

Engel **Saamiel** – Engel der Reinheit

„Ich schreite ein bei Zornesausbrüchen und Eruptionen von immensen Energien. Gewalt wird nicht durch Gewalt besiegt, sondern nur mit Verständnis und Liebe. Meine Ruhe und Innigkeit verstärken wieder die Beziehungen zwischen euch, und die Verbindung zu uns Engeln erfüllt euch mit dem Gefühl der Zusammengehörigkeit. Aus dieser Kraft heraus beruhigen sich die Ausbrüche, und Friede kehrt wieder in eure Mitte ein."

(Engel Saamiel / Stein: Howlith / Band 1)

Engel **Zaafiel** – Engel der Entwicklung

„Gehässigkeit und Aggressionen sind mir zuwider. Wutausbrüche und unkontrolliertes Handeln machen dir das Leben schwer, ebenso das der anderen in deiner Umgebung. Ungerechte und böse Menschen will niemand um sich haben, so dass diese immer einsamer werden. Ich stärke dich und gebe dir den Rückhalt, die Sicherheit und den Glauben an dich und deine zukünftige Entwicklung."

(Engel Zaafiel / Stein: Chrysoberyll / Band 1)

Engel **Mehiel** – Engel der Umwandlung

„Es gibt keine Kraft zwischen Himmel und Erde, die ich nicht neutralisieren kann. Aggressionen beruhigen sich unter meinem Regime und Hass verwandelt sich in Liebe. So entsteht wieder, wie es bereits in der Vergangenheit war, das göttliche Gleichgewicht."

(Engel Mehiel / Stein: Gips / Band 1)

Zukunft

Engel **Belifares** – Engel der Wanderung

„Zögere nicht und löse dich von den Verpflichtungen, die du dir selbst auferlegst. Komme mit mir auf den Weg zu den wirklich wichtigen Zielen. Denn nur das führt dich in die neuen Betrachtungsweisen und über die Grenzen deines Lebens und deiner Vorstellung. Erkenne, dass es nicht nur die deine Welt gibt, in der du zur Vollendung gelangen kannst."

(Engel Belifares / Stein: Spinell blau / Band 3)

Engel **Gagison** – Engel des Voranschreitens

„Und ich, mein Erdenkind, kenne deine Vergangenheit, deine Gegenwart und deine Zukunft. Hole mich zu dir, und ich zeige dir alle drei Formen. Der Beginn liegt in der Vergangenheit. Strebe danach, nachzuholen, was versäumt wurde, und eine feste und erfüllte Zukunft ist dir sicher."

(Engel Gagison / Stein: Diopsid natur / Band 3)

Engel **Chomalil** – Engel der Zukunft

„Ich, Chomalil, bin das Auge, das die Zukunft eines jeden präsentiert und zeigen darf. Ich führe dir vor, was kommen wird. Rufe mich, und ich geleite dich dorthin, denn manche Entscheidungen lassen sich leichter fällen, wenn du im Vorfeld weißt, zu welchem Ende sie führen werden. Du wirst alles erkennen und daraus klüger und überlegter für dich und andere handeln als die Mitmenschen um dich herum, die meinen, weiser als du zu sein."

(Engel Chomalil / Stein: Vesuvianit / Band 3)

Zukunftsangst

Engel **Balachiel** – Engel bei Zweifeln und Sorgen

„Hör auf zu grübeln! Du drehst dich im Kreis deiner Gedanken! Betrachte durch mich alle Zusammenhänge, Energien und Ereignisse! Deine Befürchtungen und Angst vor den nächsten Schritten verfliegen und machen deine Wege in die Zukunft wieder frei!"

(Engel Balachiel / Stein: Eldarit / Band 1)

Engel **Heros** – Schutzengel vor Zukunftsangst

„Komm, setz dich her zu mir, mein Kind, und ruhe dich aus ... Mein Schutzschild der Stille legt sich über dich. Erzähle mir deine Sorgen und Ängste. Jedes Wort wird sich in meiner Anwesenheit in Luft verwandeln und aus deinen Gedanken entschwinden. Die verbliebene Leere wird erfüllt von meinem Licht. Ich, Heros, werde es sein, der dir neue Pläne für die Zukunft schenkt, und dein Leben beginnt, sich wieder dem irdischen Glück zuzuwenden."

(Engel Heros / Stein: Tektit / Band 2)

Zuversicht

Engel **Tariel** – Engel des Zukunftsglaubens

„Es gibt eine Phase, in der du keine Gefühle mehr spüren kannst. Du hast einen Punkt der Leere erreicht, in dem für dich keine Freude, Schmerz oder andere Emotionen mehr wahrnehmbar sind. Das ist wie ein Tunnel des Nichts, den du durchwandern musst ... Ich werde bei dir sein und fördere Erinnerungen an die Vergangenheit, um dich an ihnen auf deine Zukunft einzustimmen. Denkverbote lösen sich auf und neue Wege werden sichtbar."

(Engel Tariel / Stein: Skapolith / Band 1)

Engelgruppe **Apsaras** – Engelwesen der Zuversicht

„Wir sind Vermittler der Botschaften und Geheimnisse. Wir kennen das Glück im Spiel. Lerne zu fliegen, wie wir es tun. Mit unserem Überblick wirst du nie wieder die Hoffnung aufgeben, sondern mit Zuversicht und Stärke die dir bevorstehenden Wege betrachten."

(Engelgruppe Apsaras / Stein: Moosachat grün / Band 1)

Engel **Tattwaiel** – Engel der wahren Lebensfreude

„Du bist enttäuscht von Menschen, du fühlst dich nicht wohl und auch nicht angenommen von ihnen. Warum blickst du dann nicht auf und bemerkst, dass wir Engel nicht nur deine Lehrer, Begleiter und Führer sind, sondern die wahren Freunde in deinem Leben, die immer bei dir sind und niemals von deiner Seite weichen ..."

(Engel Tattwaiel / Stein: Konglomerat / Band 3)

Engelname - Steinzuordnung

A

I

J

Steinzuordnung - Engelname

B

D

N

O

P

Q

R

S

SCH

ST

Z

Stichwörter - Seitenangabe

A

E

G

H

M

P

Q

R

T

U

Z

„Wir werden uns wiedersehen,
auch wenn du mir jetzt nicht glaubst ...
Ich bin ein Engel und weiß dass es so kommen wird,
denn so ist es vorherbestimmt!“
(Engel Korneel / Stein: Parisit)

Im Segen der Engel!
Ihr
moldavit-engel

Edelsteine & Verlag
Kempten/ Allgäu